JN042072

\\ 通常の学級の特別支援教育 //

A B

特別支援教育の視点で
どの子も学びやすい
小・学校英語の授業づくり

大谷みどり 編著

**ユニバーサル
デザインの
英語授業に
チャレンジ**

明治図書

はじめに

　多忙な日本の先生方にとって外国語の授業への負担感は否めません。一方で，人との関わりが多い外国語の授業は学級経営に生かすことができます。また私たちの周りでは，急速に多文化化，グローバル化が進んでいます。全国どの都道府県に出かけても外国の人を見かけるようになりました。海外から日本への外国人旅行者数は既に3000万人を超え，日本の小学校でも外国人児童の数が増加しています。世界で活躍する日本人アスリートも増え，流暢な英語でインタビューに答えている選手がまぶしく見えます。

　先生方に伺うと「自分は英語が苦手だけれど，これからの社会を担う子どもたちには英語が必要だ。だから自分も英語の授業を頑張ってみる」という声が多く聞かれます。先生方が英語を教えられる際，何かお役に立てればと思い，この本に取り組みました。この本は，読んですぐに使える活動集ではありません。先生方が授業の流れや活動を考えられる際，どのような要素が必要か，なぜ必要か，という点の何かヒントになると幸いです。同時に，英語を学習する際，楽しく取り組む子どもたちがいる一方で，難しさを感じる子どももいます。発達障害も含め，様々な特性を持った子どもたちに，外国語の授業ではどのように工夫・支援をすることができるかも含めました。第1章は，大学教員として長年，児童英語に関わってこられた築道先生が，小学校への英語導入の経緯と新学習指導要領におけるポイントを，第2章は，子どもの支援に長く携わってこられた飯島先生が，英語の習得とつまずきのメカニズムについて，そして第3章は私が，授業に取り組む際のヒントについてまとめました。

　他教科に比べ，日本の小学校の英語は，まだ始まったばかりです。先生方が授業に取り組まれる際，この本が何らかのお役に立てることを願いつつ，同時に，先生方のさらなるご活躍とご多幸をお祈りしております。

編著者　大谷みどり

CONTENTS

第3章 どの子も学びやすくなる！ 小学校英語 授業づくりのポイント

第**1**章

小学校英語スタート
グローバル化と英語教育

1　なぜ小学校で英語？

　2011年，小学校外国語活動が実施される前に，ある県の公立小学校（245校）の先生方を対象に移行期間を経ての外国語活動の実施と課題を把握するために質問紙調査を実施しました（大谷・築道，2011）。その中の質問の一つに「外国語活動（小学校の英語教育）の開始時期について，①現状の５年生から，②３・４年生から，③１・２年生から，④中学校からという四つの選択肢を設定して，理由とともに回答してもらいました。その結果は，図１の通りでした。

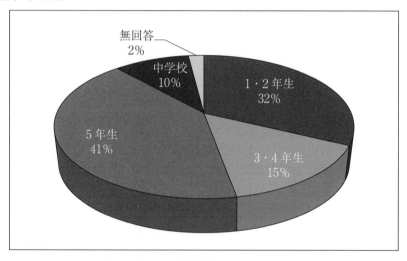

図1　望ましい小学校英語教育の開始時期

　現状のまま小学校５年生からスタートすべきであるという回答が41％と最も多いのですが，一方で１・２年生からスタートすべきであるという回答も32％を占めています。外国語活動として週１回指導することが学習指導要領上，決まっていた時期での調査ですので，５年生からという回答が一番多いのはうなずけますが，「恥ずかしさや抵抗感がない」，「低学年で素地を養い，後の指導へとつなぐべき」といった理由から，小学校の１・２年生からスタートすべきであるという回答割合も高いことが明らかになりました。この

結果に３・４年生からスタートすべきであるという回答を加えると約半数の先生方が高学年よりも早い段階で英語に触れさせるべきであるという認識だったわけです。

　同じ調査では、「外国語活動は今後どのような形で進められるのが望ましいか」という質問もしました。この質問に対する回答結果は、「現状のまま外国語活動を継続する」という選択肢を選んだ回答が72%、「教科の一つとして週１〜２時間程度指導する形にする」を選択した回答は16%、その他12%という比率になりました。

　2017年３月告示の学習指導要領においては、小学校の３・４年生では「外国語活動」として、５・６年生は「外国語科」としてそれぞれ教育課程に位置づけられることになりました。その背景にはどのような要因があるのでしょうか。以下では英語教育に関する外的要因と内的要因といった二つの視点から考えてみます。

　まず、一番大きな外的な要因としては、私たちや子どもがこれから暮らしていく社会の急激な変化への対応という点が考えられます。具体的には、例えば訪日外国人の数の増加、留学生の受け入れや日本人学生の海外派遣の増加、企業の国際的な展開、少子高齢化による労働者人口の激減に対する対応等、日本社会の全体的な構造の変化によって、好むと好まざるとにかかわらず、グローバル化の海へ泳ぎ出さなければなりません。江戸時代の鎖国には戻れないのです。もちろん、英語だけに特化してよいのか、むしろ他の外国語や文化の学びを見据えた複言語・複文化主義に基づく外国語教育が必要であるという意見もあります。外国語教育の未来像としては、むしろこの方向が妥当でしょう。

　社会のグローバル化への対応という視点の他には、小学校の英語教育の導入に象徴される英語教育改革の一連の流れには、どのような背景要因があるのでしょうか。考えられる一つの大きな内的要因としては、従来の英語教育そのものの結果に対する厳しい評価です。これまでの英語教育においてはコミュニケーション能力の養成を目標に掲げながらも、残念ながら十分な成果

をあげていないというのも否定できない事実です。以前であれば，英語教育による十分な成果が実を結んでいないのであれば，英語教育自体を廃止しろという論も出ていました。しかし，現代では「英語狂騒曲」とでも言うべき「もっと英語を！」の大合唱の中に私たちはいるのです。この点を少し冷静に捉えるならば，今回の学習指導要領の改訂によって実施される小学校から高等学校までの一貫した英語教育改革が実を結ばなければ，次の10年後には，おそらく時計の振り子が大きく逆方向に揺れるように「英語教育廃止論」も誕生するかも知れません。一定程度の目に見える成果が示されない場合，英語教育の開始時期をさらに早めるという流れは想像しにくいのです。

　その意味でも英語教育に関わる側は，校種を問わず外国語教育の目標達成のために協働して努力する必要があると言えます。必要に迫られれば，生涯にわたって英語を学び続ける自律した学習者を育てるという共通認識に基づいて，日々の教育実践を行っていきたいものです。

2　小学校英語教育のこれまでとこれから

　ここまで述べてきたように，小学校からの英語教育のスタートという改革は，急激な社会の変化への対応やこれまでの英語教育の課題を踏まえ，その解決のための一つの大きな試みであると位置づけることができます。こうした決定に至るまでには，長い検討・議論がなされてきたということも理解しておきましょう。表1（p.14）に示すように小学校での英語教育の議論は大きく四つの時期に分類できます。まず議論のスタートは，明治期や私立小学校での実践等を除くとおよそ30年以上前の1986年にさかのぼることができます。当時の臨時教育審議会「教育改革に関する第二次答申」の中に様々な教育課題が論じられる中で，「英語教育の開始時期についても検討を進める」という文言が取り入れられました。以降，1992年には小学校での英語教育に焦点を当てた（当時は国際理解教育の一環という言葉が使われていましたが）文部省の研究開発学校の指定が行われました。英語教育のスタートを中

学より早めるか否かの議論がこの時期の中心で，教科として「外国語科」を小学校に導入するという論は時期尚早であると捉えられていた時期だとも言えます。この時期の議論や実践は，1998年の学習指導要領の改訂を経て，「総合的な学習の時間」の創設という形で「国際理解の一環」という観点から「外国語会話等」として位置づけられました。

　「総合的な学習の時間」で扱うテーマは多岐にわたり，学校による取り組みも多様になります。このことは英語教育から見れば教育の機会均等を謳う義務教育の基本方針とは対立する事態を生じる結果を生み出しました。こうした課題を踏まえて，2011年の学習指導要領の改訂では，全ての小学校で統一的に「外国語活動」として導入することが決定されたのです。目標を共有化し，必要な補助教材を国が提供し，小学校教員の研修も進められました。

　「外国語活動」の必修化が一定程度学校現場では定着しつつある時期に，一方で社会の急激なグローバル化といった課題や英語教育そのものの課題等が議論され，グローバル化に対応する英語教育の改革という点を前面にした議論が展開されるようになります。そうした流れから，小学校の英語教育を単に小学校段階で完結する一つの領域として捉えるのではなく，小学校から中学校へのスムーズな接続を図り，児童・生徒の英語コミュニケーション能力を一貫して養成する目的で小学校の英語教育が検討され，2017年の学習指導要領の改訂へとつながっていきました。

　もちろん，藤原他（2017）が指摘するように，ここまでの英語教育政策に関わる議論が客観的なデータに十分に基づいて行われてきたかと言えば，否定しにくい面はあります。しかし国の教育政策を進める上では，一定程度の方向性を前提にしながら，一方で教育の実施状況を幅広く把握しつつ，前に進めていかない限り，教育そのものの改善・改革は難しいということも言えると思います。トップダウンで全てを進めるというのが我が国の教育政策ではない点，つまり，決してボトムアップではないものの，社会の変化にできるだけ柔軟に対処しつつ，ドラスティックな変革は避けて，ソフトランディングを継続しているというのが日本の教育政策の実状ではないでしょうか。

表1　小学校英語教育に関わるこれまでの主な流れ

英語教育開始時期の検討時期		
年	主要なできごと	ポイント
1986	臨時教育審議会「教育改革に関する第二次答申」	英語教育の開始時期についても検討を進める
1992	大阪市立真田山小，味原小，高津中が（当時）文部省の研究開発の指定を受ける	小学校及び中学校における教育の連携を深める教育課程の研究開発

↓

国際理解教育の一環としての英語教育追求時期		
1996	第15期中央教育審議会「21世紀を展望した我が国の教育の在り方について（第一次答申）」	教科として一律に実施する方法は採らないが，英会話等に触れる機会を提供する
1998	学習指導要領の告示	「総合的な学習の時間」の創設
2002	学習指導要領の実施	国際理解教育の一環としての外国語会話等

↓

教科か領域かに関する検討時期		
2008	中央教育審議会「幼稚園，小学校，中学校，高等学校及び特別支援学校の学習指導要領等の改善について（答申）」	教育の機会均等などの確保 小学校と中学校との円滑な接続
2011	学習指導要領の実施	5・6年生に「外国語活動」を必修

↓

グローバル化への対応時期		
2014	今後の英語教育の改善・充実方策について（報告）〜グローバル化に対応した英語教育改革の五つの提言〜	
2016	中央教育審議会「幼稚園，小学校，中学校，高等学校及び特別支援学校の学習指導要領等の改善及び必要な方策等について」（答申）	
2017	学習指導要領の告示	3・4年生「外国語活動」 5・6年生「外国語科」

3　新学習指導要領を支える三つの基本概念

　今回の学習指導要領改訂の方向性については，既に多くの文献・資料で指摘されているように，学校教育全体を通じて予測不能な未来を生き抜くために必要となる資質・能力を以下の三つの観点から整理している点にその特徴があります。

　　　　　　　　　学びに向かう力・人間性等の涵養

生きて働く知識・技能の習得　　　　　思考力・判断力・表現力等の育成

図2　新しい時代に必要となる資質・能力の三つの柱

　図2で示されている下段の二つの視点，「生きて働く知識・技能の習得」と「思考力・判断力・表現力等の育成」は，両者が相互に関連し合って，目標を実現することが重要です。つまり，外国語や文化に関する知識・技能を静的な，また，覚える対象として捉えるのではなく，実際のコミュニケーション場面の中で活用を図り，自らの考えや意見，感じ方等を表現し，コミュニケーションの相手の発話を理解する上で，多様に深く考え（思考し），発話内容を決定し（判断し），対話相手に伝わりやすいように表出する（表現する），といったサイクルを繰り返し経験しながら，両者を統合的に育成することがポイントになります。さらに，これら三つの視点は，小学校→中学校→高等学校と学校種を超えて，共通して伸ばすべき資質・能力でもある点に留意しなければなりません。

4　小学校外国語活動・外国語科が目指すもの

　では，小学校外国語活動・外国語科が何を目標に掲げているかを確認しましょう。比較のためにこれまでの「外国語活動」での目標と改定された学習指導要領の「外国語活動」の目標を比べてみましょう。

　表2を一見してわかることは，両者の記述量の差です。これまでの外国語活動の目標は，①言語や文化についての体験的な理解，②積極的にコミュニケーションを図ろうとする態度，③外国語の音声や基本的な表現への慣れ親しみ，といった三つの柱から構成され，これら三観点を統合して活動や授業を設計，実践し，コミュニケーション能力の素地を養うことを目指していました。

　一方，新しい「外国語活動」では，まず「コミュニケーションにおける見方・考え方」を働かせるように求めていますが，この概念は「どのような考え方で思考していくのかという，物事を捉える視点や考え方」であると指摘されています（文部科学省，2018）。いささか曖昧な記述ではありますが，外国語によるコミュニケーションを実現する際に，そのコミュニケーションを行うのは何のためか，コミュニケーションの相手は誰か，相手と自分とはどのような場面や状況におかれているのか等を勘案して，自己と他者や社会との相互関係性に配慮しながら，伝えたい内容を整理し，思考し，再構築して表出するというプロセスを意味していると考えられます。この大きな前提に続く三つの観点は，前述した「生きて働く知識・技能の習得」，「思考力・判断力・表現力等の育成」，「学びに向かう力・人間性等の涵養」という三つの観点からの目標設定になっています。この三つの項目は記述量こそ増えていますが，従前の外国語活動における三つの柱と重なり合っていることがわかります。両者の大きな違いは，記述内容をさらに詳しくしている点と5・6年生の外国語科，さらに中学校の外国語科の目標との系統性が意識されている点にあると言えます。

表2　これまでの外国語活動とこれからの外国語活動の目標

これまでの外国語活動（5・6年）	これからの外国語活動（3・4年）
外国語を通じて，言語や文化について体験的に理解を深め，積極的にコミュニケーションを図ろうとする態度の育成を図り，外国語の音声や基本的な表現に慣れ親しませながら，コミュニケーション能力の素地を養う。	外国語によるコミュニケーションにおける見方・考え方を働かせ，外国語による聞くこと，話すことの言語活動を通して，コミュニケーションを図る素地となる資質・能力を次のとおり育成することを目指す。 （1）外国語を通して，言語や文化について体験的に理解を深め，日本語と外国語との音声の違い等に気付くとともに，外国語の音声や基本的な表現に慣れ親しむようにする。 （2）身近で簡単な事柄について，外国語で聞いたり話したりして自分の考えや気持ちなどを伝え合う力の素地を養う。 （3）外国語を通して，言語やその背景にある文化に対する理解を深め，相手に配慮しながら，主体的に外国語を用いてコミュニケーションを図ろうとする態度を養う。

　後者の観点から，表3に小学校5・6年生の「外国語科」及び中学校「外国語科」の3項目から成る具体的な「外国語科の目標」を比較のために掲げておきます。小学校外国語活動を踏まえた上で，外国語によるコミュニケーション能力をリンクさせる意図を読み取っていただければと思います。なお，元の目標にはありませんが，表3で下線を施した部分が小学校と中学校とで特徴的な差異になります。

表3　小学校と中学校の外国語科の目標

小学校外国語科の目標	中学校外国語科の目標
（1）外国語の音声や文字，語彙，表現，文構造，言語の働きなどについて，日本語と外国語との違いに気付き，これらの知識を理解するとともに，読むこと，書くことに慣れ親しみ，聞くこと，読むこと，話すこと，書くことによる実際のコミュニケーションにおいて活用できる基礎的な技能を身に付けるようにする。 【生きて働く知識・技能の習得】	（1）外国語の音声や語彙，表現，文法，言語の働きなどを理解するとともに，これらの知識を，聞くこと，読むこと，話すこと，書くことによる実際のコミュニケーションにおいて活用できる技能を身に付けるようにする。 【生きて働く知識・技能の習得】
（2）コミュニケーションを行う目的や場面，状況などに応じて，身近で簡単な事柄について，聞いたり話したりするとともに，音声で十分に慣れ親しんだ外国語の語彙や基本的な表現を推測しながら読んだり，語順を意識しながら書いたりして，自分の考えや気持ちなど伝え合うことができる基礎的な力を養う。 【思考力・判断力・表現力等の育成】	（2）コミュニケーションを行う目的や場面，状況などに応じて，日常的な話題や社会的な話題について，外国語で簡単な情報や考えなどを理解したり，これらを活用して表現したり伝え合ったりすることができる力を養う。 【思考力・判断力・表現力等の育成】
（3）外国語の背景にある文化に対する理解を深め，他者に配慮しながら，主体的に外国語を用いてコミュニケーションを図ろうとする態度を養う。 【学びに向かう力・人間性等の涵養】	（3）外国語の背景にある文化に対する理解を深め，聞き手，読み手，話し手，書き手に配慮しながら，主体的に外国語を用いてコミュニケーションを図ろうとする態度を養う。 【学びに向かう力・人間性等の涵養】

（下線部及び【　】は筆者による追加）

5　新学習指導要領で大切にしたい三つの事柄

　中学校以降の外国語教育につなぐための小学校外国語活動・外国語科の目標であるという点を上で確認しました。校種を超えての外国語教育の目標を一貫したものにするという今回の学習指導要領改訂の意図以外にも，以下の点は特に指導に生かしていきたいものです。

＊言語材料・言語活動の充実を生かした英語授業の実現＊

　小学校外国語活動・外国語科だけではありませんが，前述の目標を達成するためには，外国語によるコミュニケーション活動を多様に展開する必要があります。その前提条件として語彙の学びがあります。今回の学習指導要領において小学校段階では600語から700語の語彙を指導することになりました。もちろん，聞いて（あるいは見て）理解できる段階でよい受容語彙と話す（あるいは写す）ことのできる発表語彙といった区分を意識的に行いながら，指導にあたる必要がありますが，子どもが接するインプットとしての語彙は相当な量になります。中でも名詞にたくさん触れることになります。子どもの身近な生活に関する名詞表現にたくさん触れるというように「生活言語」としての日常語彙をたくさん学びます。その上で，基本的な動詞や形容詞，冠詞や前置詞等の機能語も学びます。こうした多くの語彙に小学校段階で最初に触れ，何度も耳にしたり，目にした上で，さらに中学校の外国語科では繰り返し，スパイラルに語彙学習を継続していくことになります。

　また，学習指導要領では，「文法」という言葉は用いられてはいませんが，「文構造」，とりわけ外国語の語順に対する認識を小学校段階から重点的に指導する必要が出てきます。この点で，築道（1997）では，身体化による語順の指導の実践を提案しています。また，文字として英単語や英文を提示する場合は，品詞による色分けや日本語の文との対比といったことも可能です。詳しい実践事例は本書の第3章を参考にして下さい。

＊初歩的な読み・書きの保障＊

外国語の文字指導も今回の学習指導要領の改訂では一つの大きな注目を浴びています。外国語学習の入門期における音声と文字の扱いについては，丁寧な指導が求められます。発音と文字との間に一対一の関係が成立している日本語のひらがなの学習に小学生は，どのくらいじっくり時間をかけて取り組んでいるかを考えてみましょう。中学校の英語学習入門期に音声も文字も意味も一度に提示して，ペンマンシップを数回練習させ，後は個人の努力でマスターさせるといったような指導がいかに不適切かがわかります。小学校での英語学習において英語の文字の読み・書きを学ぶ上では，段階を踏んだ丁寧な支援が求められる所以がここにあります。

外国語活動で音声を主体にして，外国語に十分に慣れ親しむ体験を豊かに保障するということが，後に続く文字学習の前提条件となります。また，外国語科での読む・書くの指導も中学校以降の読み書き指導を安易に連想せずに，以下の点に留意して指導にあたる必要があります。

■読む活動：アルファベット文字（名前と音）の認識や単語の認識
■書く活動：アルファベット文字や単語のモデルを参考にしたり，音声体験を基に書き写す，あるいは文の一部を入れ替えて書く

学習指導要領の解説には，「読むこと」の言語活動として以下の二点が示されています。

ア　活字体で書かれた文字を識別し，その読み方を発音することができるようにする

イ　音声で十分に慣れ親しんだ簡単な語句や基本的な表現の意味が分かるようにする

アは，「読むこと」が一定程度のまとまりのある英文を「読む」といった本来の定義ではなく，「読む」力の前提となる英語のアルファベット文字の形態を認識し，その読み方（いわゆる ABC ソングなどでの発音）を目指し

ていることになります。一方で，イでは外国語活動等で十分に音声面からインプットを受けた語句や表現を認識し，意味を理解できるようにすることを示唆しています。日常生活で目にする英単語であったり，絵本で何度も触れる表現であったり等，子どもの生活体験と結びつけて英語の語句や表現を推測しながら理解すること等が考えられます。

＊特別支援教育の視点からの配慮と支援＊

　今回の学習指導要領は小学校への外国語科の導入という点が脚光を浴びていますが，私自身は以下の学習指導要領の記述に注目しています。

> 　障害のある児童（生徒）などについては，学習活動を行う場合に生じる困難さに応じた指導内容や指導方法の工夫を計画的，組織的に行うこと。

　つまり，学校教育の全ての教育活動において，特別な支援の必要な児童・生徒に対して適切な支援を学校全体として組織的に取り組むことを求めているわけです。そのためには，子ども一人ひとりの教育的なニーズを適切に見極め，子どもが直面する困難さに対する的確な支援を提供する必要があります。とりわけ，前述しましたように外国語の文字学習が導入されましたので，この点でのつまずきが生じる可能性が大きいと思われます。海外，とりわけ英語圏で長い研究や実践のあるディスレクシアに対する指導なども参考にしながら，指導のレパートリーを広げていく必要があります。本書の第3章には，英語が苦手な子どもへの支援と実践のアイデアをあげています。

　ここまで今回の学習指導要領の改訂を中心に，これまでの小学校英語に関する議論の流れや政策的な側面からの検討，また，改訂された学習指導要領のコアの部分を中心に見てきました。第1章を結ぶにあたり，1990年代初めから長く小学校英語教育に関心を持ち続けている私なりに，教える側が心に

留めておくべき点やその課題について私見を述べて，本章を閉じることにします。

6 英語教育は小学校教育を支える一つの土台

英語をコミュニケーションの手段としてのみ捉え，コミュニケーション能力の養成ということのみを外国語科の目標とすることには，危うさが伴います。なぜなら，今後 AI などの開発によって，コミュニケーションのツールとしての英語のみを到達目標と設定すれば，やがて機械に任せればよいことになってしまう可能性も否定できないからです。さらに言えば，英語を指導する側の私たち教員の存在意義さえも問われかねない状況が生じるかも知れません。

学校教育の中で，教科の一つとして外国語科（英語）を設定するのであれば，それがどの学年からスタートするにせよ，コミュニケーションのツールとしてという観点からのみ位置づけるのではなく，学校教育の本来の目的である「人格の完成」に外国語学習がどう寄与，貢献しうるのかといった視点からの議論が不可欠になります。小学校教育での他教科との関係性も含めて，外国語科のカリキュラム上での位置づけや役割をコミュニケーション能力養成をコアにしながらも，母語を含めた言語力そのものの養成，文化や価値観等に対する態度や認識との関連や豊かな感性の育みといった観点からの議論をしていかなければなりません。

7 小学校英語で育つ子どもの姿

本章の冒頭で，今回の学習指導要領の改訂の背景にグローバル化への対応という面があることを指摘しました。政界や経済界の力が教育政策にも影響を及ぼした結果だと思われます。しかし，我が国がいかにグローバル化されようと全ての子どもが将来グローバル人材として世界を股にかけて活躍する

という姿は想像しにくいと思います。小学校の外国語教育で目指すべき目標は，子どもがこれからどんな進路を選択するにせよ，将来何らかの形で英語使用の必要性に直面した際に，学校教育で学んだ英語の基礎・基本を栄養にして，再学習しうる能力や学ぶ資質を育てておくことではないでしょうか。そのためにも英語との最初の出会いになる小学校での英語教育では，その出会いに屈辱感や嫌悪感を生み出すようなものにしないよう，教える側は最大限配慮する必要があるでしょう。意思伝達の一つの手段として英語という異言語を媒介として学級担任や ALT，子どもたちが相互に配慮しながら，活動に取り組み，コミュニケーションの方法を学び，また英語や日本語について新たな発見をする学びの場になるようにしなければなりません。

　しばしば小学校の英語教育では「英語嫌いを生まない」ということがスローガン的に主張されます。しかし，クラスの全員が英語が好き，英語が得意，という状態は，現実的には考えられません。学校の教育課程で子どもが学ぶ他の教科に対する情意的な側面を考えれば，全教科が好き，得意であるといった子どもはゼロとは言いませんが，極めて少数でしょう。誤解のないように急いで付け加えるならば，英語嫌いを生まないように指導には最大限の努力を教師は払うべきであるという点を否定してはいません。しかし，結果として，英語学習はあまり好きではないといった子どもの出現を全否定することは，現実的ではないと言っているのです。上で述べたように，小学校での英語学習はあまり頑張らなかったけれど，大人になって仕事で学ぶ必要が出てきて，学び直しをするといった「学びに向かう力・人間性」を備えた自律した英語学習者を育てることが重要だと考えます。

8　学級担任の英語苦手意識を宝に

　小学校の英語教育では，一般論として学級担任は英語に対する苦手意識があり，そのため指導に対して不安を感じているという調査や指摘が多くあります。学級担任が英語指導を担当する意味はどこにあるでしょうか。私は以

下の二点にあると思っています。

　①全人教育としての小学校教育における学級担任の役割

　②英語学習上のつまずきへの敏感さ

　第一の点は，よく指摘されますが，学級担任は外国語活動や外国語科の授業だけを担当しているわけではありません。子どもも外国語活動や外国語科での学級担任の姿だけを見ているわけではありません。学校にいる時間の大半を学級担任は子どもと共有します。他の教科の学びを踏まえて外国語活動や外国語科の活動を設計することも可能でしょう。また，特別な支援が必要な子どもに対する配慮等も適切に行えるでしょう。

　第二の点は，中学校以降の英語科教員は英語学習者の少数派であるという認識に関連します。つまり，様々な英語力調査等で明らかにされているように，少なくとも現状の英語教育の結果，多くの英語学習者はいずれかの段階で英語が嫌いになり，英語が苦手となっています。一方，英語が好きであり続け，英語が得意になり，結果として英語を教える職業を選択した英語学習者の中の少数派が英語科教員であるという構図が存在するのです。つまり，英語の学びのプロセスで，つまずいたり，疑問に感じたりといった体験をそれほどしていない（全くしていないとは言いません）人たちが英語科教員として英語を指導しているということです。従って，英語学習の学びのどこで，どのように，なぜ，つまずくのか，という点になかなか意識が向かわない場合が多いのでしょう。英単語学習等で「何回も書いて覚えなさい」といったような指導が今なお続いているのは，英語科教員自身がそうした学習で苦労してこなかったからかも知れません。

　この意味でも，かつて英語が苦手であった学級担任の先生方は，その苦手意識を子どもの英語の学びへの大いなるヒントにして積極的に活用してほしいと思います。これまでの英語学習を振り返り，どこで，どのように困ったのか，今ならどの様に困難さを克服できるだろうかといったように英語の学びを振り返り，より良い支援や学びの在り方を探求してほしいと思います。

（築道和明）

【参考文献】

＊江尻寛正（2017）『はじめての小学校英語　授業がグッとアクティブになる！活動アイデア』明治図書

＊大谷みどり・築道和明（2011）「小学校外国語活動の現状と課題への一考察─島根県教員へのアンケート調査から─」『島根大学教育学部紀要』（教育科学）第45巻抜刷, pp.9-17

＊加藤拓由（2015）『クラスがまとまる！男女が仲良くなれる！小学校英語コミュニケーションゲーム100』明治図書

＊築道和明（1997）『小学生の英語指導─何をめざして何から始めるか─』明治図書

＊築道和明（1999）「児童英語教育における文字指導に関する基礎的考察」『英語教育と英語研究』第16号, pp.21-33, 島根大学教育学部英語教育研究室

＊築道和明（2001）『イラストでわかる小学校の英語活動50選』明治図書

＊西中隆・大阪市立真田山小学校（1996）『公立小学校における国際理解・英語学習』明治図書

＊藤原康弘・仲潔・寺沢拓敬（編）（2017）『これからの英語教育の話をしよう』ひつじ書房

＊文部科学省（2008）『小学校学習指導要領解説　外国語活動編』東洋館出版

＊文部科学省（2018）『小学校学習指導要領（平成29年告示）解説　外国語活動・外国語編』開隆堂出版

＊吉田研作（2017）『平成29年版　小学校新学習指導要領の展開　外国語編』明治図書

第2章

英語の学習プロセスと
そのつまずき

1　人によって異なる認知の嗜好

　私たちの目の前にいる子どもたちは，同じ教室の中で同じように学習をしているように見えますが，実際には授業の中で行われる学習活動の受け止め方，情報処理の仕方，習得の程度は，子どもによって様々で，さらに学習過程でのつまずき方も子どもたち一人ひとり，それぞれ異なります。最近では，その「異なり」が学習に影響を及ぼすという実態を伝えるために，"learning difficulties"（「学習障害」）というよりも，"learning differences"（「学習方法の異なり」）と言われることが多くなりました。

　人それぞれの学び方が異なることの背景には，「認知の嗜好が人によって異なる」ということがあります。その「認知の嗜好」を自分自身で気づけるかどうかには，メタ認知（自分の思考や行動を第三者的に観察し，モニタリングする力）が大きく関わっています。自分の認知特性に適した方法で，学習を続けることが可能となれば，それだけ学習も効果的に進めることができる可能性が高くなることは言うまでもなく，最近では，インクルーシブな教育環境の中で，個々の特性に適した "differentiated instruction"（個別化の指導）が注目されるようになっています。

　学習の主体である子どもたち自身が，自分のつまずきに気づかないまま，目の前の学習を通過してしまうケースも多くあります。そんなつまずきは，日々の学習の難易度が少しずつ高くなっていくにつれて集積され，そのうちに子どもたちの学習を阻止するものとなってしまいます。よって，学習難易度が低く，つまずきが小さい時に手立てをしておくことがその後の学習発展には大切です（図1）。そして，その鍵を握っていらっしゃるのが，日々子どもたちの学習活動を観察できる先生方なのです。小さなつまずきに早い段階で気づくことで，保護者や学外機関との連携につなげることもでき，多くの子どもたちの学びを保障することが可能となるでしょう。

　本章では，そんな子どもたちのつまずきに気づくために必要な言葉の習得

過程とその適性能力や情報処理過程について説明します。言葉の発達過程や言語能力について知ることで，子どもたちがどこに，何に，なぜつまずきやすいのかをよりよく理解することができ，子どもたちのつまずきに対してより敏感に気づくことができます。

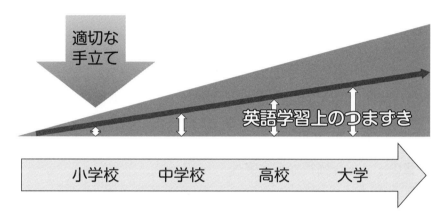

図1　早期に適切な手立てを入れる意義

2　文字習得のプロセス

　この地球上で人類が発展を遂げることができたのは，四足歩行と言葉を使う能力があったことが大きな要因であったと言われています。ここでは，人間社会に生まれてきた子どもたちがどのようにして人類の発展を支えた言葉を使う能力を習得していくかについてお話ししましょう。

　図2（p.31）を見ながらお読み下さい。生まれた子どもは，まず周囲の人たちから頻繁に話しかけられることにより，言葉の音のシャワーを浴び続けます。その結果，「音韻イメージ」が作り上げられます。これが言葉の獲得の基礎となります。この段階で獲得された最初の「音韻イメージ」は，単語や文がひと塊になったものです（図2中のＡ）。この段階を経て，読みの前段階である「マジカル段階」へ進みます。幼児はしばしば音声とともに何と

なく記号らしい殴り書きをしますが，この段階では音と言葉は無関係です（図２中のＢ）。次に「絵画段階」へと進みます。この段階では，単語は絵として捉えられており，文字と音の一致はできていません。よって，"dog" はひと塊で「🐶」であり，"d＋o＋g" とは理解できていません（図２中のＣ）。これが，ようやく次の「アルファベット段階」で，"d＋o＋g" であることが理解されて，一つ一つの文字が音を持っていることに気づき，文字と音の同定（一致）ができるようになります（図２中のＤ）。頭の中の「音韻イメージ」と文字が連合される段階とも言えます。これまでのプロセスの移行が成功した先に，「正書法」つまり綴り字の段階があり，文字が正しく綴られるようになっていくのです。

3　音のイメージ獲得から文字へ

　定型発達では，読みの獲得の基礎となる「音韻イメージ」や綴りを獲得する前段階までに，子どもたちの中で「音韻認識」が自然に作り上げられると考えられています。子どもたちがしりとりゲームで遊べるということは，この「音韻認識」が育っており，音の操作が可能であることを示すものです。音を入れ替えたり，外したり，付け加えたりできることは，「音韻認識」が育っている証拠です。しかし，何かしらの問題がある場合，「音韻イメージ」や「音韻認識」が自然に作り上げられず，音の操作にも難しさがあり，文字と音の同定がうまくいかず，その結果「読み」の発達にも問題が生じることとなります。

　従って，小学校１・２年生までで日本語の音韻イメージが確立したことを受けて，英語を習い始める小学校３・４年生での英語活動においては，文字を入れる前に，まず十分な時間をかけて英語の音を入れ，英語の「音韻イメージ」を子どもたちの中に作り上げることが大切です。

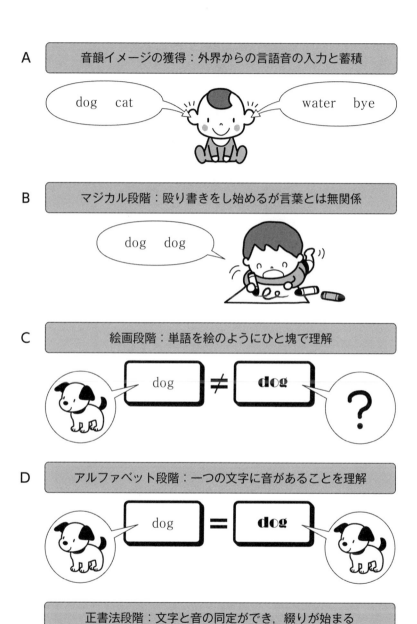

図2 文字の習得プロセス（JP. Das, 2009 筆者図式化）

4　日本語でのつまずきが英語のつまずきを予見

　先に述べた言葉の発達においてつまずきがある場合，後に始まる外国語学習においても同様のつまずきが観察されることは容易に予測できます。小学校1・2年生では，「文字を読むための」言葉の学習を行います。この段階で母語である日本語の学習のつまずきについて，正確なアセスメントをすることが大切です。母語でのつまずきがある学習者には，この後にやってくる小学校3・4年生での「学ぶために読む」学習でつまずくだけでなく，同時に始まるローマ字学習や英語活動にも難しさが表れる可能性があります（図3）。

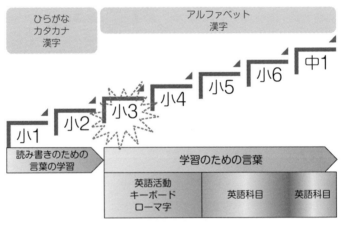

図3　小学校3年生の言葉の学習上の難しさ

　言葉の発達には複数の要因が複雑に関係しています。つまり，その発達の可能性も複数あり，一つの要因に弱さがあったとしてもそれを補う他の要素が強ければ，発達の傾斜を上向きに修正することが可能です。発達の傾斜には幅があり，早期に適切な手立てを行うことで，中学校以降での本格的な英語学習へスムーズな橋渡しができます。

5　情報処理のプロセス

　私たちは外界からの情報をいくつかの感覚で取り込みます。視覚から文字や絵として，聴覚から音として，触覚や味覚から感覚として取り込みます。それらの情報は刺激として入力されていくのですが，その刺激を情報として受け止め，理解に至るまでのプロセスを知ることで，子どもたちが「わからない」と発言する原因がどこにあるのかを知ることができます。

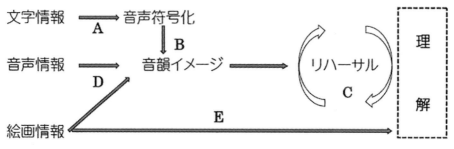

図4　情報処理過程（Baddeley and Hitch, 1974 筆者図式化）

　図4に沿って情報処理の過程を説明します。文字情報を処理する際，聴覚障害がある場合を除き，私たちはまず文字を黙読または音読により音声で読み上げます。つまり「音」に変換しています。これを音声符号化と言います（図4中のA）。音声符号化された文字情報は音韻イメージに変換されて（図4中のB），ワーキングメモリー（外界からの情報を一時的に保存して思考活動が行われる場所）の中で繰り返しリハーサルをされ（図4中のC），既知の情報と結びつけられたりして理解されていきます。よって，文字を音声化できない場合，その文字情報は，視覚的に伝える意味のない場合，意味のない記号や絵画となってしまいます。例えば，アラビア語を学習したことのない人にとっては，それが言葉と認識されず，何ら情報をもたらさないことと同様，情報処理プロセスの次の段階に進むことすらできません。文字情報を音にすることが文字情報を理解する上で重要である理由がここにあります。

一方，音声情報は，音韻符号化するプロセスを通らず音としてインプットされますので，そのまま音韻イメージとして短期記憶の中に保持されます（図4中のD）。そこに「文字」の介入はなく，「デコーディング（文字を音声化する作業）」の過程がありません。絵やアイコンなどの絵画情報は，その絵画が示す意味とのつながりが自動化されていないような幼児の場合，音声符号化することもありますが，概ねそのままワーキングメモリーを通って，直接理解されます。つまり，認知的負荷もかからず早く処理されると言えます。日本語における漢字も，その形が意味を持つ表意文字であることが多く，一度習得されると絵画情報と同様の処理が行われると言えます（図4中のE）。

　つまり，この情報処理過程から見ても，文字を音声符号化する能力が学習者にとっていかに必須なものであるのかがおわかりになると思います。読み書きに困難があることが，あまり表面化しにくい日本語を母国語とする子どもたちの中には，学習の難しさを説明できない状況に苦しんでいる学習者も少なからずいるのです。

6　情報処理プロセスから考える単語入力の工夫

　英単語を学習する際に，英単語と日本語でその意味を与えた場合と英単語とそれを表す絵を与えた場合で，再生できるかテストをすると，後者の方が再生率が高くなるという実験結果があります(Emirmustafao & Gökmena, 2015)。それは，言葉は言葉でのみリハーサルされますが，絵画は言葉とイメージの両方でリハーサルされるために記憶に留まりやすいからと考えられます。このことから，言葉だけで覚えることや思い出すことが難しい場合，積極的に絵や図示を使ってイメージ化を助長する手立てが有効であることがわかります。例えば，"refrigerator" という単語を覚えようとする場合，英語と日本語だけよりも，そこに絵を一緒に提示することで，イメージ化しやすくなり，記憶に残りやすくなります（図5）。図6では「" 牛乳 " が冷蔵庫に入っている」という既知の知識（牛乳の保管場所は冷蔵庫である）にひっ

かかるような情報を付加することで，想起しやすくなります。

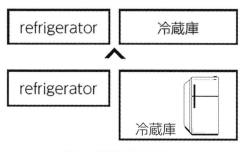

refrigerator
冷蔵庫
refrigerator
冷蔵庫

図５　絵画情報と言葉

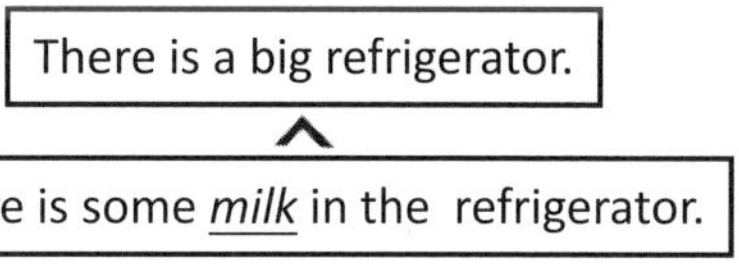

There is a big refrigerator.
There is some *milk* in the refrigerator.

図６　例文による違い

７　自分の認知の優位さに気づくことが学習方略獲得の一歩

私たちは，聞いた方がわかりやすかったり，文字で書かれたものを読む方がわかりやすかったりなど，誰しも情報を受け取る際に受け取りやすい認知の優位さがあります。学習を進める上で，自分の優位さを知っておくことで勉強のしやすさにつながります。前述した通り，学習に成功している子どもたちは，メタ認知が優れていることが多く，試行錯誤を続ける中で自分に適した学習方法を習得できます。一方，学習につまずきやすい子どもたちは，自分で気づく力が弱く，教師や保護者が気づかせてあげることで自分に適した学習方略を身につけることができます。もちろん，視覚，聴覚，触覚，運動感覚，言葉といった認知の中で，どれか一つに優位があるというケースば

かりでなく，複数に優位が観察される場合もあります。また，優位さにかかわらず，長年の学習の中で，自分なりに構築してきた学習方法が習得，習慣化されており，その方法が自分の学習方法として定着している場合もありますので，学習者の様子を見ながらアドバイスをしていきましょう。

8　英語が得意な学習者と英語が苦手な学習者

　英語の成績上位の学生（16歳〜17歳，43名/217名）と成績下位の学生（16歳〜17歳，27名/217名）に対して次のようなアンケート調査を実施し，自由記述で回答してもらいました（飯島，2013）。

英語成績上位の学習者への質問：
「あなたが英語がよくできる理由またはその力は何だと思いますか？」

得られた回答：
- 暗記力・記憶力
- 1回書くと頭に入る
- 集中力
- 地味な作業ができる
- 順序立てて考えること
- 物事の接点をみつける
- 物事を計画的に行う
- 努力ができる
- 想像力がある
- 頭の回転がはやい
- 観点や視点が人と違う
- わからないことを明らかにすることへのこだわり
- 規則性を発見すること
- 整理することができる
- 根気がある
- 無駄な知識が豊富
- まとまりで頭に入る
- 読書が好き
- 時間配分をし行動する
- 何度もやる
- 構成・構造を把握する力
- 日本語の力がある

得られた回答を見ますと，非常に的確に自己観察ができていることに驚かされます。これはつまり前述した「メタ認知力」に長けているということが言えます。さらに，ここにあげられた回答は，後述する「言語学習適性能力（言葉を学習する上で適した能力）」に合致しています。

英語を苦手とする学習者への質問：
「あなたが英語を苦手とする理由は何だと思いますか？」

得られた回答：
①中学校１年の先生の教え方がよくなかった
②英文法なんて勉強する意味がない
③将来英語なんて使わない，面倒くさい
④いくら勉強しても使えない
⑤授業を聞いてもなにがなんだかわからない
⑥単語が覚えられない
⑦語句をどう並べていいのかわからない

　英語を苦手とする学習者から得られた回答を見てみましょう。①にあげられた回答は責任転嫁的な言い訳ですが，「教えにくさ」と「学びにくさ」は表裏一体の関係にあり，なぜ教えにくいのか，なぜ学びにくいのかについて教師と生徒がともに考える時間と余裕があったならば，もしかするとこういった言い訳をする子どもたちは少なくなるのかもしれません。次に，②③④については学習動機の範疇となります。学習そのものに内的動機（興味や関心）が持てない場合，外的動機（報酬や罰則）を課すことで一時的に学習に向かう姿勢が生まれることもありますが，長続きせず，何か別に学習に意義を見出せるように刺激を与える必要があります。国際社会の現代において，海外の若者との交流を積極的に後押しすることで，その関係性維持が肯定的刺激となる可能性は大きいと思われます。そして⑤⑥⑦については，学習者

の持つ特性が英語学習を阻んでいると考えられます。よって，何がどうわからないのか，何に難しさを感じているのかを学習者とともに分析することが大切です。

9　言語学習適性能力

　5か国語，6か国語を喋れる能力を持つ人が話題になったりします。そういった人たちは，言語学習に適した能力を持っていると言われています。実際，米国ではMLAT（Modern Language Aptitude Test）などの言語学習能力を測定するテストを用いて，言語学習適性に欠けていると判断された場合，高等教育機関での外国語履修が免除されることもあります。言語学習適性能力は以下の①から④までの四つの能力があると考えられています（Carroll & Stanley, 2002）。

①音韻符号化能力：外的情報を処理可能な形に置き換える力
②文法的感受性　：文法規則を見出す力
③帰納的学習能力：状況状態から規則性を見出し習得する力
④機械的暗記力　：記憶に保持する力

　前述した英語が得意な学習者からの回答には，②文法的感受性，③帰納的学習能力，④機械的暗記力，それぞれに相当する内容があることがわかります。一方で，英語科目に苦手意識や学習の難しさを感じている学習者にとっては，四つのどの項目を見ても，弱さが観察されることが多くあります。主訴としてよくあげられる「単語が覚えられません」という現象には，①③④が関わっています。部分の力が不足しているのか，それを補填できる強みは何かといったことを探し当てることができれば，英語といった科目をやみくもに嫌うことも，またこの国際化の進む時代に取り残された疎外感を感じることも減らせるかもしれません。

10 暗記力と記憶のメカニズム

　英語学習には，「単語を覚える」という作業がつきものです。学習者の中には，「覚える」ことは「貯蔵する」ことと誤解する人もいますが，実際は図7に示す通り，適切な時に適切な情報が想起できて初めて「記憶している」と言えます。大切なのは「音韻符号化」できない単語は記憶のプロセスに乗っていかないということです。ここにつまずく学習者に対してまずは手立てをすることがその後の学習を支えることにつながっていきます。

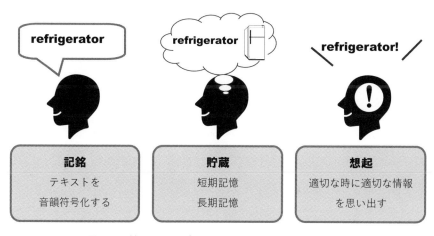

図7　記憶のメカニズム（森・中條，2005 筆者図式化）

（飯島睦美）

【参考文献】
＊Aslihan Emirmustafao & Dilek Uygun Gökmena (2015) The effects of picture vs. translation mediated instruction on L2 vocabulary learning
＊Baddeley, A. D., Hitch, G. J. (1974) Working Memory, In G. A. Bower (Edi), Recent advances in learning and motivation (vol. 8, pp.47-90)
＊Carroll, John B. and Stanley Sapon (2002) Modern Language Aptitude Test, Second Language Testing, Inc.
＊JP. Das (2009) Reading Difficulties and Dyslexia: An Interpretation for Teachers, SAGE Publications

＊飯島睦美（2013）「なぜ彼らは，英語が苦手なのか─簡易的英語学習適性検査開発の試み─」第39回全国英語教育学会北海道大会

＊飯島睦美（2017）「英語学習者の英文読解における音韻意識の果たす役割─聴覚障害学生とディスレクシア傾向の学習者への指導より─」関東甲信越英語教育学会第41回新潟研究大会

＊今井むつみ・針生悦子（2014）『言葉をおぼえるしくみ：母語から外国語まで』ちくま学芸文庫

＊森敏昭・中條和光（2005）『認知心理学キーワード』有斐閣

第3章

どの子も学びやすくなる！
小学校英語
授業づくりのポイント

1

英語の授業を頑張ってみよう

　　英語を教えることになった時，先生方はどのような気持ちになられるでしょうか。不安もあることと思いますが，子どもたちにとって担任の先生との授業は，何より安心して臨むことができます。他の先生方の取り組みから授業イメージを持って，自信を持って取り組めることを少しずつ増やしてみて下さい。

学級経営をベースに英語の授業をつくる

　初めて外国語を使う時，ドキドキする子どももいます。でも，学んだ英語でコミュニケーションできた時の子どもたちの顔は輝いています。外国語活動・外国語科の授業の特徴には，「英語を使う」ことに加え「人との関わり」が多いことがあげられます。学んだ言葉で人と交わり，自分の思いが伝わる，人から応えてもらう，お互いに新しい発見がある等々，日本語でのやりとりにはない新鮮さがたくさんあります。

　子どもたちが初めて英語を使い，人と関わることができるのは，安心して取り組める学級基盤があってのことです。言い方がよくわからない自信がない英語も使ってみることができ，また色々な人と心配せずに関わることができるのは，先生と子どもたち，そして子どもたち同士の信頼関係の上に実現します。

　外国語活動の授業でも，他の授業と同様に先生と子どもたちとの信頼関係が表れます。先生のことが好きだからこそのやりとりが展開されるのは，本当にほほえましく，何より子どもたちが楽しそうです。

　小学校の先生方は，学級の子どもたちのことを一番よく知り，子どもの心

をつかむプロです。先生方が日々，子どもたちとの関わりや授業の中で大切にしておられること，気をつけておられること，工夫しておられることを，是非外国語の授業でも生かしていただければと思います。

グローバル化社会に生きる子どもたちの将来を思い描く

　具体的な授業計画を考える前に，１章でも触れている通り，子どもたちに英語の授業を通して，また英語を使って何ができるようになってほしいか，という大きなビジョンを持つこともとても大切です。子どもたちが外国語を学ぶことについて先生方にたずねると「グローバル化が進む社会で，日本語以外の言葉を学ぶことは重要。自分は英語が苦手だが，子どもたちのことを考えると頑張ろうと思う」と答えられる先生がたくさんおられます。

　子どもたちが，自分たちのアイデンティティーを大切にしながら，将来，英語で他の国の人たちと積極的にコミュニケーションをとり，世界の平和に貢献できる，そんな大きなビジョンを持つことも大切ではないでしょうか。心が動き，頭が働く活動を通し，「楽しい」だけでなく「わかった」「伝わった」を大切にしながら，未来に向け「役に立つ」「世界に貢献できる」というような夢が感じられるようなビジョンを，先生も子どもも共有できるといいですね。前述の，クラスでの積極的な「人との関わり」も，異なった文化圏からの人との関わりにつながることと思います。

他の先生の授業を見て授業イメージをつかむ

　外国語活動の授業イメージを持つことは，とても大切です。なぜなら小学校の英語は先生方が受けてこられた中高の英語の授業とは，かなり異なるからです。学習指導要領やガイドブックを読み，研修等を受けるとともに，是非，他の先生方の授業を見る機会を増やして下さい。できれば，授業が上手だと言われている先生も含められると，学級経営を基盤に子どもの気持ちや

発達段階にあったやりとりを大切にした授業が展開されていることを感じられることと思います。

　「英語を使う」という点が高いハードルになっている先生方も多いことと思いますが，英語の発音等は CD や ICT 機器等を活用することができます。そしてゴールに向かって，子どもたちにたくさん英語に触れさせながら少しずつ使ってみる機会を増やし，最終的には子どもたちが言いたいことを伝え合う機会をつくる，という流れが基本になります。

　英語を教える・学ぶ時のアプローチとして，会話や話全体を大きく捉え，全体の意味（雰囲気や場面，状況等）をつかんでから語彙や表現，発音といった言葉の細部に注意を向ける Top-down と，逆に，文字や語彙，音韻意識等，文を構成する細部の理解から，少しずつ全体の理解・組み立てへと続く Bottom-up の，大きく二つのアプローチがあります。これは国語の授業でも同じことが言えます。話全体の意味を捉える（楽しむ）ことから始ま

るアプローチ（Top-down）と，ひらがな・カタカナ，漢字の読み書きに始まり，学んだ文字や語句を使いながら文章を組み立てていくアプローチ（Bottom-up）です。左頁イラストのように，山を楽しむ際，山の景色全体を見渡して楽しむのか，花や虫を細かく観察するのか，というようなアプローチの違いです。もちろんこれは二者択一のものではなく，子どもたちの特性や学びの状況に応じて使い分けていくことになります。

　ただ，日本語と異なり英語の場合は，初めから100％理解することは不可能ですので，項目8で示すように「何となくわかる」という感覚がとても大切になります。

　以上の通り初めて英語の授業に取り組む際は，是非，先生がご自分の学級経営の中で大切にしておられることをベースに，目の前の子どもたちに合ったビジョンを持ち，既存の年間・単元計画や他の先生方の授業も参考にしながら，できることから少しずつ取り組んでみてはいかがでしょうか。

2

子どもに英語を学びたいと思わせよう

　子どもたちに「どうして英語を勉強するの？」と聞かれたら，先生方はどのように答えられるでしょうか。授業の具体的な組み立てと同時に，英語学習への動機づけは，とても重要です。先生方と子どもたちの興味・関心が最も大切ですが，社会的な視点からの英語の必要性についても考えてみたいと思います。

日本への外国人旅行者や労働者の急増

　訪日外国人数が急速に増え，2018年で年間3000万人を突破しました（日本政府観光局，2019）。また日本に中長期在留する外国人数は，日本の総人口１億2626万5000人（総務省，2019）のうち263万7251人（法務省，2019）で，全人口の約２％を占めます。さらに政府は国内の人材・労働力の不足から，外国人就労を拡大させ，2024年までに最大34万人超の受け入れを始めました。日本の小学校でも，外国人児童は急増しており，筆者が居住しており過疎県である島根でも外国人児童が一割を占める学校があります。文科省が外国人児童対応の充実に取り組み始めたことは，先生方がよくご存知のことと思います。このように地方でも海外の人たちと関わる機会が急増しており，背景の異なった人とも積極的にコミュニケーションがとれることがますます求められています。

世界における英語の影響力はとても大きい

　改めて，世界の多くの言葉のうち，なぜ英語を学ぶのかを考えてみましょ

う。世界の中で英語を公用語もしくは準公用語としている国の人口を合わせると，全体の１／３を占めると言われています（文部科学省，2006）。また「World Economic Forum」（2016）が発表した"The most powerful languages in the world"でも，世界の中で最も影響力が大きい言語は英語と結論づけています。このデータは，地理力，経済力，コミュニケーション力，知識・メディア力，外交力の五つの項目から，世界で最強の言語を数値化しランキングしたものです。

世界で影響力の大きい言語

順位	言語	母語話者数（単位１億人）	地理力	経済力	コミュニケーション力	知識・メディア力	外交力
1	英語	4.46	1	1	1	1	1
2	中国語	9.96	6	2	2	3	6
3	フランス語	0.80	2	6	5	5	1
4	スペイン語	4.70	3	5	3	7	3
5	アラビア語	2.95	4	9	6	18	4
6	ロシア語	1.50	5	12	10	9	5
7	ドイツ語	0.925	8	3	7	4	8
8	日本語	1.25	27	4	22	6	7
9	ポルトガル語	2.15	7	19	13	12	9
10	ヒンドゥー語	3.10	13	16	8	2	10

World Economic Forum (2016) "The most powerful languages in the world" より（筆者翻訳）

　英語は全ての項目で１位を示しています。唯一，母語とする言語のランクとしては，人口が多い中国語（Mandarin）が上回ります。ちなみに日本語は８位にランクインしていることがわかります。世界で影響力の大きい言語の中で，英語を学ぶ必要性・重要性がデータからも見てとれます。

子どもたちの内発的動機を高める

　１章でも触れているように社会における英語の必要性・重要性とともに，

個々の子どもたちにとって，英語を学ぶ動機づけが大切になります。社会的な理由，「英語は大事だから」「将来，役に立つから」等に加え，「ALT の先生と話したいから」「外国の人に何か聞かれた時に答えられるから」なども，子どもたちにとって英語を学ぶ動機づけとなります。

　近年海外での活躍が目覚ましいサッカーや野球，テニス，バスケット等の日本人アスリートたちも，英語が話せるロールモデルとして，子どもたちにとっては重要な役割を果たします。筆者が子どもたちに英語が上手になりたい理由をたずねた際も「MLB で活躍したい」「ワールドカップに出たいから」等，具体的な夢を語る子どもたちは少なくありません。

　この動機づけには，大きく分けて「外発的動機づけ」と「内発的動機づけ」があります。「外発的動機づけ」は，外からの要因，例えば英語の授業では「上手に言えたらシールがもらえる」等があげられます。子どもたちはシールが増えていくのが楽しみで，積極的に英語で話してみようとします。シールは高校生の英語の授業でも見かけられ，効果的な動機づけになりますが，もらえなくなったら，子どもたちはどうするでしょうか。

　一方で，子どもたち自らの理由（内発的）があって英語を学びたいと思うのが内発的動機づけです。先ほどの「ALT の先生と話したい」とか「海外で活躍できるスポーツ選手になりたい」というような気持ちも含め，子どもたちが興味・関心を持つ素材を活用すること，そして先生自身が授業を楽しんでいることも，子どもたちにとっては大切な内発的動機づけになります。外発的と内発的，それぞれに重要ですが，最終的には子どもたち自らの内発的動機づけを高めることが学習を継続できる要となります。

　動機づけも含め，外国語でコミュニケーションをとろうとする前向きな気持ちに関係する要因として，次頁の WTC (Willingness to Communicate) モデルが，よく引用されます。ピラミッドの頂点にある①L2使用（第二言語を使ってのコミュニケーション）に向けて関係のある要因が表されています。ピラミッドの下部から見ていくと，例えば⑫の個々の性格の場合，代表的なのが外向的 vs 内向的な性格ですが，個々の特性も含まれると考えられ

ます。下から３つ目の段に「動機」傾向が位置づけられています。前述の，英語で聞いてみたい，伝えたい，と思う気持ちも含まれます。同じ段に並ぶ「自信」も大きく影響してきます。これは「ほめる」ことの大切さにもつながります。③「特定の相手とコミュニケーションをする意思」②「Willingness to Communicate」は，言語活動で大切にされる「目的意識」「相手意識」にもあたります。

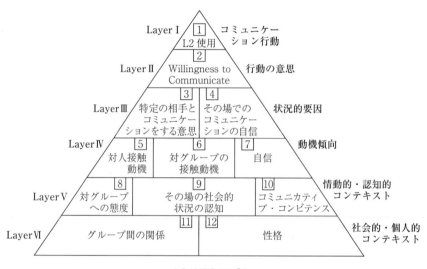

L2 WTC モデル

MacIntyre, Clément, Dörnyei, & Noels（1998）

八島智子著『外国語学習とコミュニケーションの心理』関西大学出版部

【参考文献】
＊World Economic Forum（2016）"The most powerful languages in the world"
＊日本政府観光局（2019）月別・年別統計データ（訪日外国人・出国日本人）
　https://www.jnto.go.jp/jpn/statistics/visitor_trends/
＊八島智子（2004）『外国語コミュニケーションの情意と動機：研究と教育の視点』関西大学出版部
＊法務省（2019）平成30年６月末における在留外国人数について
　http://www.moj.go.jp/nyuukokukanri/kouhou/nyuukokukanri04_00076.html
＊総務省（2019）人口推計（令和元年７月確定値）
　https://www.stat.go.jp/data/jinsui/new.html
＊文部科学省（2006）第39回教育課程部会配付資料

3

学級に合った単元計画を立てよう

単元構成を考える時に大切なポイントがあります。一つは，自分の学級に合った単元の最終ゴールを決め，そこから必要な活動を逆算していく「バックワードデザイン」，もう一つは，外国語を学ぶという視点からの「第二言語習得のプロセス」です。

「バックワードデザイン」で単元を構成する

単元の構成を考える際，まず**ゴールを明確にする**必要があります。それぞれの単元の最後で子どもたちに，どのような力をつけたいのか，どのような活動を最終ゴールとするのかです。

例えば，"I like ～." を学ぶ単元の最終ゴールを「自分が好きなことを絵や物を見せながら，少し理由もつけてみんなに紹介する」と設定したとします。そこから逆算していくと，"I like ～." が色々な形で，できれば目的意識を持って，何度も練習できる活動が必要になります。自分が言いたい「～」にあたる単語が言えるようになる練習も必要です。教科書に使われている単語が，子どもたちが言いたいことの全てを含んでいる訳ではないので，教科書にある単語から選ばせるのか，子どもたちが好きなことを発表するのかを決めておく必要があります。後者の場合は，事前に子どもたちに好きなことを書いてもらって，ALT 等の協力も得ながら英語にしておく必要があるでしょう。そして，自分が選んだものについては英語で言えるようになるよう，子どもたちが練習する時間の確保も必要です。このように，最終のゴールを設定し，そのゴールに向かって必要な活動を逆戻り（backward back）しながらの組み立て方をバックワードデザインと呼びます。

また，単元の最初に大切なことは，子どもたちに最終ゴールのイメージを持たせる，つまり，この単元であれば「最後にみんなの前で好きなものを発表するから，発表することを考えて言えるようにしよう」と，見通しを持って色々な言語活動に取り組めるよう計画を立てることです。これは前述の動機づけのところにもつながります。最終形を視覚的にデモや作品で示すことができれば何よりです。

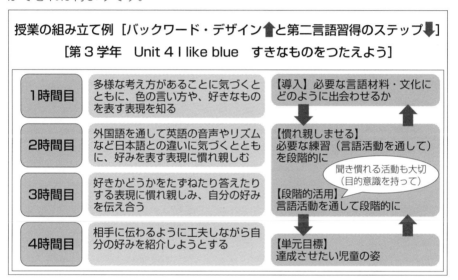

「第二言語習得のプロセス」を考慮し計画を立てる

　子どもたちの関心や状況に合った単元のゴールを設定し，そこから逆算していくバックワードデザインを考えると同時に，外国語としての第二言語習得のプロセスに必要な活動を意識しておくことも大切です。
　母語としての日本語を学び始める際，2章で詳述しているように私たちは言葉を話す前に，幼い頃から，たくさんの日本語の音・言葉を耳にし，どんな状況・場面で，その言葉が使われているかを無意識のうちに学んでいます。そして十分に音の蓄積があって初めて，自然に言葉が出てくる，という体験

をしています。英語を学ぶ際にも，このステップがとても重要です。

　まず，使われる場面を見ながら英語をたくさん聞いて，十分な「インプット」が大切です。新しい音や言葉に出会い，子どもたちには色々な「気づき」が生まれます。「あれ，聞いたことがない音。どうやって発音するのかな」（気づき），「〇〇が好きです，ってこんな風に言うんだ」（理解）等々，形（活動）を変えながら，十分に該当表現を聞く体験を重ねてから，少しずつ言ってみる機会を増やします。子どもたちの中で最初は，母語である日本語と新しく学ぶ英語が混在した言葉（中間言語）の形をとりながら，次第に自分の言葉として（内在化），言いたいことを英語で表現できるようになる（学んだ言葉と，表現したいことの統合）というプロセスを経ていきます。この期間は個々人により，また対象となる言葉の難易度により異なります。

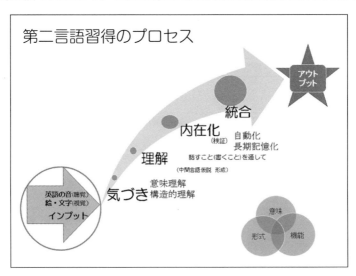

　以上の二つを重ねると，まず，自分の学級の子どもたちの関心や状況に合わせた単元のゴールを設定し，そこから逆算して必要な活動を考えます。単元の最初に子どもたちにデモンストレーションも含めたゴールを示し，同時に，個々の活動を考えていく際は，上記の第二言語習得のプロセスを考慮する，という形になります。最初はまず十分なインプットが大切で，子どもた

ちが初めて出会う言葉を，使用場面も加えながら，色々な形で見聞きさせ慣れ親しませましょう。子どもたちが聞き慣れてきたら，少しずつ言ってみる活動を加えます。最初は単語から，次は文章，そして，やりとりへと進みます。活動の配列も，子どもたちに無理がないよう少しずつ，スモールステップで組んでいく必要があります。英語学習に何らかの難しさを感じる子どもたちには，特に必要な手立てです。

　単元の計画を立てる時のポイントをまとめると下記のようになります。

- ・子どもの興味・関心があり，学級の実態に合った最終ゴールを考える
- ・最終ゴールから逆算しながら活動を配列する
- ・活動を考える際は，第二言語習得のプロセスも考慮する
- ・活動の配列は，丁寧に段階を踏んで（スモールステップで）

年間計画は，３年生からの見通しを持って立てる

　授業を考えるには，まず一年間をどのように組み立てるのか年間計画を立てる必要があります。最初は文科省や各自治体の提案例を参考にしてみましょう。その上で子どもの実態や学校行事等の関係を含め，自分の学校・学級に合ったものをつくっていきます。

　同時に，担当の学年だけを見るのではなく，子どもたちは３年生から，どのような単語や表現等を学んでいくのかをおさえておくことも大切です。文科省や自治体の年間計画例には単元ごとに，使用語句や表現が掲載されています。また言葉の学習は，積み重ねていくと同時に，スパイラルに繰り返し，思い出しながら使っていくことも大切です。子どもたちは（大人もそうですが），なかなか一度で覚えることはできません。繰り返し使うことによって，定着も図ることができます。

4 「めあて」を軸に 一時間の流れをつくろう

　一時間の授業の流れは，前項の単元計画の中に位置づけられますが，一時間の基本の流れを決めておくと，子どもにとっても教師にとってもわかりやすくなります。同時に，その一時間が単元のどこに位置するかで当然のことながら，活動の種類や組み方が変わります。初めての表現に出会って（インプット），子どもたちが気づき，色々な形で活動に取り組む中で理解を深め，単語や表現を口にし，慣れていきながら自分の思いを表現していく（アウトプット）という流れになります。

一時間の流れは「めあて」を軸につくる

　他の教科同様，その時間の「めあて」は，子どもにとっても教員にとっても軸になります。例えば，「○○の言い方を知ろう」「□□がたずねられるようにしよう」等，その単元の中の位置づけにより異なりますが，まずは授業の始めに，めあてを書き，もしくは貼って，子どもたちと一緒に確認することが大切です。その一時間で，何を学ぶのか，何ができるようになるのかの確認です。

〈一時間の流れ例〉

> 挨拶→ウォームアップ・（復習）→導入→中心活動→振り返り→挨拶

　一時間の流れは黒板に提示しておくと，子どもたちだけでなく授業を行う教師にも助けとなります。特に，見通しが立たないと授業に臨みにくい，もしくは集中しにくい子どもたちには大きな支援となります。

この流れの提示方法には，黒板に書く，小さなホワイトボードに書いて貼っておく，活動ごとに紙もしくは右図のようにマグネットシートに書いて貼る等の方法があります。授業が進むにつれ該当活動のところに小さなマグネットを置く，もしくは消していく等，わかりやすくすることもできます。

一時間の流れの提示例

上記の「中心活動」にあたるところは，これまでの外国語活動と同様，一単元の中の位置づけにより異なります。単元の最初の方であれば，初めての言葉に出会い「気づくこと」が中心になり，続いて，聞いた言葉の真似をして少しずつ口にも出す「慣れ親しみ」が中心となり，そして耳も口も慣れてきたら，自分のたずねたいこと，聞きたいことを含めて「コミュニケーション活動」へと移っていきます。

意味のある繰り返しでインプットを増やす

新しい言葉に出会う時，最初に聞く・体験することがとても大切ですが，その際，意味のある文脈，子どもたちの興味・関心のある話題の中での出会いが，より効果的な学びにつながります。

例えば食べ物の語彙を導入する際，単に言葉だけを教えるよりも，ALTと教員の間で，好きな食べ物をたずね合う，できれば視覚的にも絵や写真を見せながら紹介すると，楽しみながら学んでいくことができます（2章参照）。このように関心があり，**体験して理解できる文脈の中**での，新しい言葉との出会いは，学習効果が高いということが実証されています。

繰り返しの練習にも同じことが言えます。ただ単に繰り返すのではなく，見通しを持って，単元の最後に「自分の好きな食べ物を発表するから」「友

達とたずね合うから，自分が好きな食べ物以外も知っておこう」と，目的があること，文脈の中で学ぶことで，一見同じように見える繰り返し活動も，とても意味を持つものとなります。

　また，意味のある文脈の中であれば，様々な感覚を使って繰り返すことに意義があります。例えばトマト tomato という語彙を学ぶとします。日本語のトマトと，英語の tomato（アメリカ英語であれば /təméɪtoʊ/）の違いを，子どもたちは下記のような様々な感覚を通して学ぶことができます。

　　・先生，ALT，CD，DVD の音源から聞いて，英語の言い方を学ぶ
　　・繰り返して言ってみることで，自分の声を聞きながら音を学ぶ
　　・口を動かすことで，口の筋肉が学ぶ
　　・絵カードや視覚教材があれば，目からも記憶につながる
　これは後で述べる多感覚的学習にもつながります。

"i ＋ 1" モデルで少しだけハードルを上げる

　先生の中には，新しい言葉の導入にとても慎重になる方と，逆に子どもには多すぎる語彙や表現を一度に扱う方がおられるように見受けます。子どもが消化できない程のことを導入することには無理がありますが，第二言語習得のインプットについては，Krashen（1982）の "i ＋ 1" モデルがよく引用されます。"i" は，「中間言語（interlanguage）」の頭文字で，外国語を学んでいる学習者の現在の言語的状況を表します。そこに本人たちが理解できる範囲で，ほんの少し，プラス "1" という考え方です。

　Krashen はまた，情意フィルターモデルも提唱しています。これは，外国語を学ぶ際に，初めての音を聞く，もしくは外国語で表現することに対して心理的にハードルが高くなる，という説明です。このハードルに対しては，教師が子どもたちに「最初はわからなくても大丈夫」「間違っても大丈夫」という言葉かけとともに，そのような学習環境をつくることが，とても重要になります。先に述べたように学級経営がベースになるのです。

言語学習においてインプットは非常に重要ですが，同時にアウトプット（話すことや書くこと）なしには上達しません。前述の Krashen は，インプットを重視したのに対し，Swain（1985）という研究者はアウトプットの重要性を強調しました。さらに Long（1996）という研究者は，やりとりの重要性を指摘しています。

　安心して取り組める学習環境の中で，少しだけハードルを上げたインプットを十分に提供し，子どもたちが安心して挑戦・練習し，そして実際にやりとりをしながら，自分で考え，学んだ言葉で伝える（アウトプット）言語活動へとつながっていくという流れが大切です。

最初の挨拶でテンションを上げすぎなくてもよい

　英語の授業に，とても高いテンションで臨んでおられる先生を，時々見かけます。授業が楽しいことは大切ですが，必ずしもテンションが高い必要はありません。「○○先生は，英語の時間は違う人みたい」と，どちらかというと否定的に捉えている子ども（高学年の方が多いように思いますが）のつぶやきを耳にすることがあります。

【参考文献】
＊Krashen, Stephen (1982) Principles and Practice in Second Language Acquisition Pergamon Press.
＊Swain, M. (1985) Communicative Competence: some roles of comprehensible input and comprehensible output in its development. In S. Gass & C. Madden (Eds.), Input in second language acquisition. (pp.235-253). Cambridge, MA: Newbury House.
＊Long, Michael (1996) "The role of the linguistic environment in second language acquisition". In Ritchie, William; Bhatia, Tej (eds.). *Handbook of Second Language Acquisition*. San Diego: Academic Press. pp.413-468

5

多感覚を意識した授業づくり

英語の授業は他の教科や活動に比べ，より「聞くこと」「話すこと」が求められます。外国語学習では子どもたち，特に特性のある子どもたちには，なるべく多くの感覚を通しての学びが理解や定着を促します。様々な感覚を使ってのアプローチは，英語を母語とする国でも，非常に推進されています。

視覚，聴覚，触覚，運動感覚等々，様々な感覚を使ってみる

これまでの授業で子どもたちは，視覚的には板書，聴覚的には先生の話，運動感覚としては鉛筆で書く，といった感覚を主に使ってきたのではないでしょうか。優位な感覚は人によって異なります。見た方がわかりやすい視覚優位の子ども，聞いた方がわかりやすい聴覚優位の子ども，どこかを動かした方が学びやすい運動感覚優位の子ども等様々です。一方で教師は，自分が優位な感覚や自分が受けてきた授業でよく使われていた感覚を使いがちです。

様々な感覚を使うことの利点は，大きく二つあげられます。

> ・子どもたちが，一つのことを色々な感覚から学ぶことができ，理解の
>   しやすさ，定着のしやすさ，記憶のしやすさにつながる可能性が高い
> ・学級の中の，様々な感覚優位な子どもたちに，部分的にでも対応する
>   ことができる

＊視覚＊

まだ文字が読めない段階でも２章で述べたように，子どもは文字を一枚の絵のように捉えて認識しますので，アルファベットが読めなくても，絵カー

ドに文字を添えておくと，形として認識することができるようになります。また，聞くことが苦手な子どもにとっては視覚的な教材や指示が，とても大きな支援になります。前述の通り一時間の流れを視覚的に示しておくことで，必要な時に教師も子どもも流れを確認することができます。英語の単語や表現を教える場合も，言葉や説明だけではなく，絵や写真，実物があることで，子どもたちは視覚的にも，言葉と対象物を一致させることができます。

＊運動感覚＊

　体を動かすことでも，学びが促進される場合があります。言語習得での代表的なアプローチは，英語で言われた言葉，特に簡単な動詞を全身で表す，全身反応教授法TPR（Total Physical Response）です。教師が"Stand up."と言えば子どもたちは立ち上がり，"Touch your ears."では耳を触る等です。これは1960年代にアメリカの心理学者James Asher（1969）が開発しました。動作を加えることで，特に年齢の低い子どもたちの記憶には残りやすくなります。中高生でも単語を覚える際，何か動作をつけた方が覚えやすい，座っているより歩きながらの方が覚えやすいという生徒がいます。

＊触覚＊

　運動感覚と重なる部分がありますが，いつもと違うものに触れることによって記憶に残りやすくなるアプローチです。特に文字の導入時に，文字をいきなり書くのではなく，ブロックを触って形を捉える，少しザラザラした物に書く，もしくは机の上に指で書いてみる等，紙と鉛筆ではない触感を通して学ぶ，というアプローチです。

　このように多感覚アプローチは，特性のある子どもたちだけではなく，多くの子どもたちにとって多様な学び方につながるでしょう。

【参考文献】

＊Asher, James J., (1969) "The Total Physical Response Approach to Second Language Learning" by James J. Asher. *The Modern Language Journal*, Vol. 53, No. 1, pp.3-17

6

中学年と高学年の発達段階の特徴を捉えよう

　中学年は活動型の外国語活動，高学年は教科としての外国語科として取り組みますが，中学年と高学年の取り組み方の違いとして何を意識すべきでしょうか。学年による違いは先生方がよくご存じの通りですが，外国語の学び方について「低学年は体を動かし，中学年は口を動かし，高学年は頭を働かす」と表された先生がおられました。もちろん個人差はありますが，発達段階の特徴と，英語の蓄積量を考えて活動や計画を立てることが大切です。

中学年はみんなでしっかり声を出し，具体物を活用する

　中学年は，みんなでワイワイと元気に取り組みます。ALT の先生に続いての練習も，素直に大きな声で繰り返します。この時期に，しっかり口を動かし楽しく英語の音を出すことに慣れていくと，恥ずかしさが表れる高学年で，声を出すことへの抵抗感を下げることにつながります。

　この時期を，スイスの発達心理学者ピアジェによる子どもの思考発達段階説に対応させると，「具体的操作期（７歳～12歳くらい）」に相当します。この時期は自己中心的な思考から脱し，具体物を通しての理解が進みます。ですので，前述の視覚支援の視点に加え，具体物を使って単語や表現を紹介することは，この時期の子どもたちの発達段階に適していると言えます。ただ高学年に比べると，まだ集中力が続かないので，短めの活動を組むことが効果的でしょう。情報処理速度も，高学年ほどは速くないので，初めて英語に出会う３年生導入期では特に，少しゆっくり英語で話しかけると，子どもたちにわかりやすくなります。

　また「声を出す」「具体物を使う」にも関連しますが，この時期には多感

覚アプローチが，より有効です。しっかり声を出しながらジェスチャーを加えたり，文字も体で表したりと，様々な感覚を使ってみて下さい。多感覚という意味では，絵本の活用も，とても効果的です。

高学年は中学年からの蓄積の上に，知的好奇心をみたす

　高学年になると知的好奇心が旺盛になるとともに，情報処理速度も速くなります。ピアジェの「形式的操作期」（12歳くらい〜青年期）にも近づき，抽象的思考も発達し，全般的な記憶容量も増えてきます。他の能力に比べると伸び方が緩やかと言われる短期記憶においても，短期記憶で可能な文字数が，3年生では約4文字が，6年生になると約5文字となると言われます（Pressley & Schneider,1997）。

　また高学年になると自律的グループ活動にも積極的に取り組むことができるようになるので，子どもたちが関心のある素材を使い，英語の学びとつなげた効果的かつ高学年の知的好奇心に応えられるようなグループプロジェクトを行うことが可能です。また抽象的思考とともに，内省的思考も深まる時期ですので，言葉としての日本語と英語の違い等とともに，英語を通しての自己の成長も振り返ることができる時期です。

　一方で，人の前で恥ずかしさを感じ始める年齢ですので，中学年に比べると声が小さくなりがちです。前述の通り，中学年でしっかり声を出しておくと，高学年になっても，あまり躊躇せずにしっかり発音や表現ができることでしょう。

　中学年と高学年の違いに触れましたが，発達段階は子どもにより，かなり異なります。子どもたちの様子を見ながら，また先生方の負担が増えすぎない範囲で，個々への対応も大切にしてあげて下さい。

【参考文献】
*Pressley & Schneider (1997) Introduction to Memory Development During Childhood and Adolescence. Lawrence Erlbaum Associates, Inc., New Jersey

7

英語のインプットを増やそう

改めて英語学習において，なぜ聞くこと・インプットが大切かを考えてみましょう。日本で英語を学ぶ際，特にインプットが必要な理由として，主に次の二点があげられると思います。母語と比べての蓄積量が少ないことと，言語としての日本語と英語の違いです。

日本語と英語では蓄積量が違う

私たちは母語を無意識のうちに色々な形で見聞きし，学び，蓄積し，人に何かを伝えたい時に使っています。この言葉の蓄積量が，日本語と英語では，かなり異なります。

下の表にあるように，日本人の子どもが無意識のうちに学び，小学校低学年までに意味理解ができる日本語の語彙数は3000〜6000と言われています。一方で小中高を通して英語教育に力を入れ始めた中で，学習する英語の語彙

年齢	認知語彙数
〜２歳半	約400語
〜３歳	約1,000語
〜低学年	**3,000〜6,000語**

意味理解ができる日本語の語彙数
（竹田，上野他，2011）

校種 \ 学習指導要領	平成20年版	平成29年版
小学校	(600)	600〜700
中学校	1,200	1,600〜1,800
高等学校	1,800	1,800〜2,500
語彙数合計	**3,000**	**4,000〜5,000**

学習指導要領「外国語」で求められる学習英単語数

数は高校卒業時に，平成20年版の学習指導要領では3000，新指導要領では，4000〜5000です。小学校低学年で理解できるようになっている日本語の語彙数は，高校卒業まで一生懸命に勉強して覚える英語の語彙数よりも多いのです。この位，日本では母語と外国語との蓄積量が異なります。蓄積の違いから，記憶の中から取り出すことにも違いが生まれます。

　だからこそ，外国語の授業で，十分なインプットが必要になります。このインプットは，英語の音や語彙，表現に慣れるだけでなく，後の読み書きにも大きく影響してきます。2章でも述べたように，英語の音にたくさん触れることで，頭の中に英語の「音韻表象」（英語の音のイメージ）が形成されてきます。その新しくできあがった音韻表象に，アルファベット文字を付けていくことになるのです。これは，母語の学習でも同じ過程を踏みます。

　例えば英語の cat ［/kˈæt/］ という音を耳にします。同じく hat, hot, pet 等を聞いているうちに，頭の中に，既にある日本語の「ト /to/」とは異なる，最後の母音 /o/ がない，英語の ［/t/］（トゥ）という音韻表象ができあがってきます。そこに音読みの "t" を文字として合わせると，英語の音と文字が一致するようになります。逆に，この英語の音のイメージができていないと，いつまでも，知っているカタカナの音で英語を読んでいくことになってしまいます（一方で，上記のような外来語・カタカナ英語を音にする際，日本語の音が影響する場合が多いのですが，意味を覚える時，外来語は既になじみがあるので覚えやすく親しみやすいという利点もあります）。

"cat"
「キャット」ではなく /kˈæt/

"hot"
「ホット」ではなく /hάt/

実は生まれてしばらく，人間は全ての音を聞き分けることができるのですが，生後10か月くらいの間に，よく耳に入る音だけに適応していきます。例えば日本人の赤ちゃんも生まれてすぐはＬとＲの違いが区別できます（実際におもちゃを使って実験が行われました）。しかしながら赤ちゃんはたくさんの日本語を聞いているうちに，英語のＲの音を耳にしなくなるためＬとＲの区別や発音が難しくなっていくのです（Kuhl, 2006）。

英語にはアクセントとリズムがある

＊音＊

英語学習にインプットが大切な理由として，上記のような音自身の違いがあります。また母音，子音ともに数も異なります（下記の表参照）。母音について日本語は５つですが，英語では20以上あると言われます。子音も30近くとされますが，その中には日本語にない音素 f, v, θ (th) 等が含まれます。

	日本語 （５母音＋16子音 ＋３特殊音素＝24音素）	英語 （20母音＋24子音＝44音素）
母音	/a/, /i/, /u/, /e/, /o/	/iː/, /ɪ/, /e/, /æ/, /ʌ/, /ɑː/, /ɒ/, /ɔː/, /ʊ/, /uː/, /ɜː/, /ə/, /eɪ/, /aɪ/, /ɔɪ/, /əʊ/, /aʊ, aʊ/, /ɪə/, /eə/, /ʊə/
子音	/j/, /w/, /k/, /s/, /c/, /t/, /n/, /h/, /m/, /r/, /g/, /ŋ/, /z/, /d/, /b/, /p/	/p/, /b/, /t/, /d/, /k/, /g/, /tʃ/, /dʒ/, /f/, /v/, /θ/, /ð/, /s/, /z/, /ʃ/, /ʒ/, /h/, /m/, /n/, /ŋ/, /l/, /r/, /w/, /j/
特殊音素	/N/, /T/, /R/	

日本語と英語の，母音と子音の例（Crystal, 2002参照）

＊単語のアクセント＊

　音・文字で構成される単語のレベルで考えると，英語は日本語に比べ，強弱のアクセントが強く，また日本語とは異なるリズムがあります。日本語のアクセントは強弱というより高低で，また比較的平坦です。

　例えば日本語で「バナナ」と言うときは「バ」が，少し高くなるかと思います。一方，英語だと /bənǽnə/ となり，真ん中が，かなり強くなります。比較すると，日本語でバナナという際，「バ」は，語のアクセントのように強く言っているのではなく，少し音が高くなっていることがわかると思います。これは日本語では，橋と箸，柿と下記のように，カナで書くと同じでも，高低のアクセントが異なる言葉によく表されています。

　子どもたちは，英語をたくさん聞きながら，このアクセントの違いにも気づき，楽しそうに学びます。先ほどのバナナをはじめ，トマトは，英語では真ん中にアクセントをつけて /təméɪṭoʊ/，ハンバーガーも英語だと最初に強いアクセントをつけて /hǽmbə̀ːrɡər/ 等々です。

　このアクセントの違いを，子どもたちに，よりわかりやすくするには，例えば教師が手や体を上下に動かしながら発音したり，文字が読めるようになってきたら，アクセントがあるところに色をつけたり，字を大きくしたり，というような工夫・支援もできます。

　もう一つ，英語と日本語では，単語の音の塊の捉え方が異なります。日本語は基本的に，カナ一文字に一つの拍・モーラで捉えます。例えばパイナップルを手拍子を打ちながら発音すると，小さい「ッ」を含め6拍になります。一方，英語の場合は pineapple を pine と apple の二つの塊（音節）で捉えます。日本語では各カナ文字が一拍として捉えられるのに対し，英語は一つの母音と周囲の子音が一つの塊として捉えられるのです。

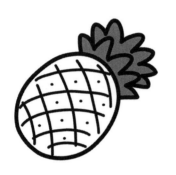
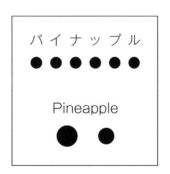

　単語が複数になると，会話の中でつながる場合もあります。教室でよく使う表現では例えば Stand up 等です。2語で構成されていますが，話す時は，スタンダップとつなげて発音します。これをリエゾンもしくはリンキングと言いますが，このような語のつながりも，たくさん聞くことによって子どもたちには自然に蓄積されていきます。

　このように母語と外国語の蓄積量の違いと，言語としての日本語と英語の違いから，子どもたちにはまず，たくさん英語を聞かせてあげて良質なインプットを与えてあげることが大切です。バイリンガル教育研究者の中島和子氏（2009）は海外在住の日本人保護者へのアドバイスとして，海外に移ってすぐは，子どもに外国語の発話を強要するのではなく「6ヶ月ほどすると，

（子どもたちはその間に新しい言葉を蓄積し）自ら話すようになる」とアドバイスしています。私自身も子どもを連れてアメリカに滞在した際，全く同じ経験をしました。蓄積の重要さを，身を持って知ったところです。

【参考文献】
＊一般財団法人特別支援教育士資格認定協会（2012）『特別支援教育の理論と実践』金剛出版
＊中島和子（2009）『言葉と教育 海外で子どもを育てている保護者のみなさまへ』海外子女教育振興財団
＊Kuhl, Patricia K.,et al. (2006) "Infants show a facilitation effect for native language phonetic perception between 6 and 12 months" Developmental Science 9:2, pp F13-F21
＊Crystal, David (2002) The English Language: A Guided Tour of the Language. Penguin, UK

8

聞く活動にもヒントを出そう

聞くこと・インプットの大切さを述べてきましたが，単に「聞きましょう！」では，子どもたちにはわからないことが多かったり集中が続かなかったりします。必要があれば場面や登場人物の説明をした上で，聞くポイントを絞って取り組むことと，「初めはわからなくても大丈夫」というスタンスが大切です。

「わからなくても大丈夫！」とおおらかに捉える

初めて外国語を聞く時は誰でもわからないことだらけですから，「最初はわからなくても大丈夫」というスタンスが大切です。聞いてみて何か聞き取れた音があり，「多分，こんな場面かな」「こんなことを喋っているのかな」と雰囲気がわかるだけでも，子どもたちをほめてあげましょう。

前述のインプットの大切さとともに，英語を聞いて「最初はわからなくても，どんな場面か，何を伝えようとしているかを推測する」「何とか理解する」という経験が，子どもたちの「英語を聞く力」を育てていきます。同時に，何を言っているのかなと思いながら，よくわからない英語を聞いている**「曖昧さへの耐性」**が，実は外国語学習には，とても大切です。

前述の Krashen の情意フィルター（初めて外国語を学ぶ際，心理的ハードルが高くなること）が，本当は理解可能なインプットの受け入れも邪魔する場合があります。外国の人に日本語で話しかけられて「私は，英語はわかりません」と答えている大人も少なからず見かけます。これもある種の情意フィルターです。子どもたちの中にも，英語というだけで，もしくは ALT の先生が話している，というだけで情意フィルターが働き，心理的に聞きづ

らくなっている場合があります。

　このような要因からも，子どもたちが緊張せずに安心して英語を聞くことができる環境と，興味を持って聞きたくなるような内容，わかりやすい英語を聞かせてあげることが大切です。

聞くポイントを絞ったり，ヒントを出したりする

　上記のような環境を整えた上で，**聞くポイントを絞る**，子どもたちが目的意識を持って取り組める工夫をしてみましょう。聞く前に教科書の絵を見ながら，「どんな話だと思う」「ここに出てくるのは誰かな」等，子どもが推測しやすいヒントを出したり，「○○さんは何が好きって言ってるかな」「□□さんの誕生日は何月か聞いてみよう」等聞くことを絞ることによって，子どもも目的を持ち，集中して聞きやすくなります。

　また，教材を**少しずつ区切って聞かせる**こともできます。例えば，好きなこととできることを話している場面であれば，まず「最初に，何が好きか聞いてみよう」と指示を出して，好きなものの場面までを聞かせ，子どもたちに確認します。その後，子どもたちの様子に合わせて「今度は何ができるかを聞いてみよう」という問いかけにするか，少しレベルを上げてもよければ「次はどんなことを言うかな」と問いかけて，理解してほしいことを広げることもできます。

　学習指導要領にも小学校外国語では「ゆっくりはっきりと話されれば聞き取ることができるようになる」と書かれているのに対して，中学校になると，この「ゆっくり」という表記がなくなります。ここからもわかるように導入期には，ゆっくり少しずつから始めることも大切です。同時に，自然な速さで聞かせる機会も大切ですので，前述の Krashen による i ＋ 1 モデル（学習者のレベルに，ほんの少しプラス）が示すように，子どもたちの様子を見ながら，バランスをとりながら進めていきましょう。

9

言語活動は
相手意識・目的意識が肝

「言語活動」は，外国語の授業の要とも言えます。子どもたちが学んだ英語表現を使って，積極的にやりとりができるよう，子どもたちが関心のある素材を選び，相手意識・目的意識を持って臨める活動を考えてみましょう。

子どもの身近な関心事を大切にする

「言語活動」について，小学校外国語活動・外国語研修ガイドブックでは「実際に英語を用いて互いの考えや気持ちを伝え合う活動」と説明しています。「互いの考えや気持ちを伝え合う」ために，子どもたちが「伝えたい」「たずねたい」と思うような内容・活動の設定が肝となりますが，子どもたちのことをよく知っておられる先生にとっては，これはお手の物と言えるでしょう。英語だけではなく，他教科や学校の活動を含め，担任以外の教職員を巻き込むこともできます。

例えば，食べ物や食事のことを学ぶ単元の最後に「○○さんのメニューを考えて発表する」というゴールを設定した場合，家族の中の誰か，もしくは学校の中の先生の誰か等と設定すると，相手意識が明確になり，また，作るメニューの理由も加えると，誰のために，何のために作るのかという目的意識も明確になります。先生方を対象に5年生の子どもたちがグループで考えたメニューとして「いつも元気な○○先生に，スタミナメニュー」「□□先生へのヘルシーメニュー」等がありました。家庭科で習った栄養素の赤・黄・緑も含め，必要な食べ物の言い方を覚え，最後はみんなの前で発表するという取り組みもよく行われます。

Can の単元で，グループごとに色々な先生たちにできることとできない

ことを英語でインタビューし，最後は "Who is he/she?" クイズの形にしてクラスのみんなに英語で問いかけるという活動も，よく見られます。

　また，相手意識という点からは，新しく来られた ALT の先生に学校案内をする，自分たちの地域を紹介する，日本らしいグッズを紹介する等は，子どもたちが ALT の先生に伝えたいことを紹介するだけではなく，ALT の先生からの反応を見ながら，質問にも一生懸命に答えることで，とても意味のあるやりとり，言語活動となります。

ひと工夫でも臨場感を加える

　また，ほんのひと手間かけるだけで，言語活動に少し臨場感を加えることができます。例えば，食べ物の名前を学んでファーストフード店で注文する場面では，店員役に簡単な紙で作った帽子をかぶせる，役の名前を書いた画用紙を首からかける等で，子どもたちは楽しそうに取り組みます。レストランでの注文であれば，机を合わせた上に，布を一枚ひろげるだけで，少しレストランの雰囲気が出て，子どもの注文の仕方が変わります。

　既習の表現をいくつか使いたい場合，例えば海外へ出かける設定で，空港の Immigration Office（入国管理局）を，机一つと案内一枚で仮の空間を作ることができます。英語の表現としては "Where do you want to go?" の他に，"What's your name?" "How do you spell it?" "When is your birthday?" なども加えることができます。5・6年生で少しずつ書くことができるようであれば，簡易パスポートを作って，必要な情報を英語で書いておくこともできます。

　このように，子どもたちの興味・関心がある話題と，設定する状況と場面が，より具体的，魅力的であると，子どもたちは学んだ言葉を何とか駆使して使おうとします。まさにコミュニケーションを図る素地や基礎を育成することにつながります。先生方ご自身が，「うちのクラスだったら，どんなゴールがいいか，どんな場面がいいか，どんな形がいいか」等々，他教科で

学んだことや学校行事とも絡めながら，子どもたちに合った活動を考えてみて下さい。子どもたちが知っていることに結びつけることで，理解・定着とともに学習がより深まります。

　新学習指導要領で重視されている，目的や場面に合わせ，自分が表現したいことを「主体的」に考え表現するとともに，相手のことを聞きながら対応する。さらに聞いてみたいと思い対話を重ねていく。また指導要領の三本柱である**「知識及び技能」「思考力，判断力，表現力等」「学びに向かう力，人間性等」**に沿って，知識として学んだ英語の表現を，思考力を働かせ，目的や場面に応じた言い方を考え，判断し，表現する。そして機会があれば実際の場面で使ってみる。というプロセスで学びを進めていくことになります。

コミュニケーション・言語活動に必要な四つの能力がある

　２章では言語学習適正能力について触れましたが，言語活動に関連して必要な「コミュニケーション能力」として，Canale と Swain（1980）が提唱した以下の四つの能力を紹介します。小学校外国語の言語活動で必要なコミュニケーション能力に重なる部分が多く，言語活動を進める上で参考になる部分があると思われます。

Canale & Swain（1980）による，コミュニケーションに必要な能力

・言語能力（文法能力）：音声・単語・文法を習得し一文を正しく作る能力
・談話能力：一文以上を続けて会話にする能力
・社会言語能力：社会的に「適切な」言語を使う能力
・方略的能力：問題が起こった時に対処できる能力

　最初の「言語能力」は，文法能力とも言われますが，発音や単語，文法を習得し，一文を正しく作る能力です。小学校では，正しく一文を作ることは

常には求められていませんが，一文を作るのに必要な要素を理解し，作ることができるという力です。

　しかし人とコミュニケーションをとるには，一文を作るだけでは十分ではありません。相槌を打つ等を含め，会話を続ける力が必要です。これが「談話能力」です。そして，それぞれの目的や場面に合ったやりとりをするには，社会的に「適切な」言語を使う能力が必要とされます。これが「社会言語能力」です。例えば，丁寧にものを頼む場合に please を加える，日本語の場合は，相手によって敬語を使い分ける等があげられます。

　最後の「方略的能力」は，問題が起こった時に対処できる能力です。語彙が限られている小学校外国語の授業では，上手に活用できるようになりたい能力です。例えば，わからないことがあれば，"Once more, please." と言ったり，英語の言い方がわからなければ ALT の先生に，"How do you say ○○ in English?" とたずねたりする方略です。

　加えて小学校ではジェスチャーや表情など，非言語の要素も必要不可欠です。上記の方略的能力に通じるものがありますが，言葉が見つからない時は，ジェスチャーを駆使して自分の意図を伝えることも，大切なコミュニケーションです。

　各単元のゴールに向けて，同時に，3年生から6年生までに繰り返すことも含めてつけたい力をおさえながら，先生方の学級に合った，また子どもたちが主体的に取り組めるような興味・関心のある活動は，どのような活動でしょうか。具体的な言語活動・コミュニケーション活動を紹介した書籍を下記にあげました。

・加藤拓由『クラスがまとまる！男女が仲良くなれる！小学校英語コミュニケーションゲーム100』（明治図書）
・江尻寛正『はじめての小学校英語：授業がグッとアクティブになる！活動アイデア』（明治図書）
・瀧沢広人『導入・展開でクラスが熱中する！小学校英語の授業パーツ100』（明治図書）

【参考文献】

＊Canale & Swain (1980) Theoretical Bases of Communicative Approaches to Second Language Teaching and Testing, Applied Linguistics 1 (1), 1-47.

10

ジェスチャーや言葉の区切り方も大切にしよう

　　言語活動を円滑に行うには，言い慣れる活動は不可欠です。ただ，リピートばかりにならないよう気をつける必要があります。何のために練習しているのか最終ゴールを確認しながら，言い慣れる活動にも目的を持たせ，活動にも変化を持たせることが大切です。また子どもが言いにくそうにしている時，理由は様々です。原因を探りながら，必要があれば少しゆっくり丁寧に進めてみて下さい。

まずはデモンストレーションを見せる

　子どもたちの見通しと目的意識，関心を持たせるためにも，最初に単元のゴールを，できればデモンストレーションも見せながら示すことが効果的です。先生だけ，もしくは ALT の先生とのデモンストレーションを見ながら，子どもたちは学習する言語表現の使い方とともに，最終ゴールについても，より具体的なイメージを持つことができます。

　またデモンストレーションも 1 回ではなく，子どもたちに新しい言語表現をたくさん聞かせることも目的として，形を変え複数回行うことができるとよいでしょう。例えば最初は先生と ALT の間で対象表現を使って何度か聞き合う，続いて先生が少しずつ子どもたちにたずねていく等の方法があります。

色々な活動で耳と口で慣れ親しませる

　これまで文科省から配付されたテキストにも，言い慣れる活動は数多く紹

介されてきました。Keyword Game, Missing Game, Stereo Game 等です。このようなゲームばかりしていることは好ましくありませんが，最終ゴールの活動に向けて必要であることを確認しながら，言い慣れるために，少し形を変える，もしくは子どもたちが頭を働かせることができるような工夫をするとよいでしょう。例えば，Missing Game も，教師が子どもたちに向けてカードを繰りながら単語の練習をし，少しずつカードを抜いて"What's missing?" とたずねる，抜くカードの数を増やす，というような形です。

言葉を塊で捉える

子どもたちは最初，英語の文章を塊で捉えています。例えば授業の始まりに "How are you?" とたずねた場合，"How" "are" "you" の三つの単語ではなく，一つの塊として捉えています。前述の通り，この捉え方も大切です。大人は単語に分けてそれぞれの発音と意味を確認しがちですが，日常会話においては前述のリンキング（複数の単語を会話の中でつなげて発音すること）にも関連し，単語のつながり，表現の塊としての捉えも欠かせません。これは母語の学習でも同じことが言えます。例えば朝の時間，子どもたちに体調を聞く際，「元気ですか」という表現を品詞に分けて考えるのは高学年以降ではないでしょうか。

先生方を対象にした研修会で，やりとりの練習をすると，各単語の意味と綴りをたずねられる先生が必ずおられます。例えばウォームアップ活動で "How was your weekend?"（先週末はどのように過ごしましたか）とたずねると，「How のあとに何かありましたよね」「今のは is ではなく was でしたよね」と確認の質問とともに「黒板に書いてもらえますか」というリクエストもあります。間違いがないように学びたいという気持ちの表れだと思いつつ，教室で子どもたちには，必ずしも一単語ずつの確認が必要ではないことをおさえておくことも大切です。

また，英語にはリズムも大切です。一単語ずつに分けてしまうと，そのリズムが崩れてしまうこともあります。もちろん大事なところは分けて提示する必要があります。例えば "Do you like ◯◯？" であれば，◯◯以外のところは一つの塊として扱い，子どもたちの状況に合わせながら詳しい説明を加えていく，というスタンスが自然です。

時には，ゆっくり丁寧に練習する

　子どもたちの中には，どのように言えばよいかわからない子どもがいますが，その原因は様々です。数年前（2013年）になりますが，先生方に「通常の学級の英語授業における子どもたちのつまずきや困り感」についてたずねました。まだ高学年の外国語活動が「聞く」と「話す」だけの時期でしたが，回答して下さった134校261名の先生方の中で，3割の先生方が「話すことに苦手感を持つ子どもたちがいる」と見ておられることがわかりました。話すことへの苦手感の中に「どのように発音したらよいかわからない子どもがいる」というコメントが少なくありませんでした。

　聞いて何となくわかる，塊で捉えて話す，ということが大切であると同時に，英語の発音がわからないで困っている子どもがいる場合は，単語でも文章でも，必要に応じて区切って練習する，少しずつ長くしてみる，というような工夫が支援につながります。例えば，単語として長めの January，February 等の月の言い方であれば，一単語として聞かせるとともに，言いにくそうにしている子どもがいれば，ゆっくり，もしくは区切りながら発音・練習する機会をつくることも有効です。

　また，やりとりであれば子どもの様子を見ながら，答える内容を選択肢が少ないものから多いものへと移していくこともできます。例えば，Small Talk 等で食べ物について教師から子どもに問いかける際，"Do you like apples?" という問いには，選択肢は Yes か No の二つです。一方で，"What fruits do you like?" と聞かれると，たくさんのフルーツから答え

を考えなければなりません。答えるのが難しい子どもには前者の問いかけが答えやすいということになります。

ジェスチャーや表情も大切にする

　言葉で話すことと少し矛盾して聞こえるかもしれませんが，私たちがコミュニケーションをとる際，ジェスチャーや表情等，言語ではない非言語要素が，非常に大きな役割を果たしています。これまでの外国語の授業の中でも先生方が大事にしてこられた Smile, Eye contact, Clear Voice は，まさに言語以外の要素ではないでしょうか。

　少し前の研究ですが，今もよく引用されるアメリカの心理学者メラビアン（1971）は，人とのコミュニケーションでの受け取り方は，言語情報（言葉そのものからの情報）が７％，聴覚情報（発せられる言葉の高さや強さ等）が38％，視覚情報（ジェスチャーや表情）が55％と発表しています。これはアメリカでの調査をもとにしたものですが，コミュニケーションにおける非言語要素の大きさがよくわかります。実は日本の場合，言語以外の情報が，より大きな役割を果たします。

　外国語の授業で，言葉を学び，使えるようになることはもちろんですが，学習指導要領でも強調されている「人とのコミュニケーション」の視点からは，ジェスチャーや表情も大切です。子どもたちだけでなく，先生方ご自身が，楽しそうに英語の授業に臨まれること自体が，子どもたちには一番大きな非言語でのメッセージではないでしょうか。単元の最初のデモンストレーションでも，言葉以外の要素から子どもたちは多くのことを感じ・学び，単元を通してのイメージと動機づけにつながります。

【参考文献】
＊Mehrabian, A. (1971) Silent messages. Wadsworth, Belmont: California.

11

口ずさんで記憶に残る英語の歌を活用しよう

　　英語の歌は，特に中学年には楽しく取り組め，英語を学ぶ上でも多くの利点があります。記憶に残りやすいということも大きなメリットの一つでしょう。授業で歌を歌った後，休み時間や給食の時間に子どもたちが口ずさんでいるのを先生方も，よく目にされることと思います。

楽しく歌って，英語の特徴をつかませる

　　文科省からの教材にも色々な歌が提案されています。特に中学年の年間計画の中に含まれていますが，歌のよさについてあげます。

> ・楽しみながら自然に，英語の音声や表現に慣れ親しむことができる
> ・繰り返しも多く，無理なく表現を覚えやすい
> ・英語独特のリズムや発音やイントネーションに慣れる
> ・子どもによっては，みんなと一緒に歌うことで声を出すことへのハードルの軽減につながる
> ・全員で取り組むので一体感を出しやすい
> ・記憶に残りやすい（動きをつけると，さらに覚えやすい）

　　上記の，英語独特のリズムや後述の英語と日本語の拍の捉え方の違いも，英語の歌を学びながら身につけていくことができます。例えば『赤鼻のトナカイ』（Marks John. D作詞作曲）の最初の歌詞では，日本語訳（新田宣夫作詞）は「まっかなおはなのトナカイさんは」と一音符一文字（モーラ）ずつ対応していますが，原詩の英語では "Rudolf, the red-nosed reindeer" と，言葉の塊の捉え方がかなり異なります。

また高学年になると，大きな声を出すこと，歌うことに躊躇する子どもも出てきますが，前項の中学年と高学年の違いのところでも述べたように，中学年でしっかり声を出しておくことが高学年での積極的な表現につながります。小学校の場合は英語の時間だけでなく，学んだ歌を朝の時間や音楽の時間の最初に，また今月の歌に含めることもできるでしょう。

　中学生になると，より声が出にくくなり一緒に歌うのが難しくなることが多いのですが，中学生や高校生に英語でできるようになりたいことをたずねると，必ず上位に「英語の歌が歌えること」があがります。子どもたちにとっても，英語で歌が歌えることは憧れの一つと言えるでしょう。

　『Let's Try!』に含まれる "Hello Song" や "Seven Steps" 以外で使いやすい歌をいくつかあげてみます。動作をつけやすいものとして "Head, Shoulders, Knees and Toes"（テンポを速くしていくと低中学年では大盛り上がりです），みんなで丸くなって踊る "The Hokey Pokey"，おなじみの "London Bridge Is Falling Down"，日常動作を確認しながら歌う "This Is The Way" 等があります。みんなの名前をアルファベットで入れていくことができる "BINGO" は，高学年でも楽しめます。日本語でよく知っている歌としては "If You're Happy and You Know It"（幸せなら手をたたこう），少し難しい歌に挑戦するのであればディズニーでおなじみの "It's a Small World" や，クリスマスの時期には "Jingle Bells" もあります。少し難しく感じる場合は，みんなが歌う箇所を決めておくのもよいでしょう。

　高学年になると，歌よりもチャンツやジングルが多くなりますが，三者の違いについて，歌は，全体を通して歌詞とメロディーがあるのに対して，チャンツは，学習したい表現をリズムに合わせて学ぶことが目的になっています。ですから単純な繰り返しの中で，単語や表現を置き換えて練習することができます。ジングルは多くの場合，アルファベットの「名前読み」と特に「音読み」を単語と一緒に学ぶことが目的で，リズムに合わせてアルファベットの音と単語の読み方を学ぶ，という形になっています。

12

聞いて見て学べる絵本を活用しよう

絵本は子どもたちが色々な形で英語を学べる，おすすめの教材の一つです。文科省から配付されている教材にも，中学年ではお話を聞くことを主目的に最終単元に絵本が使われています。高学年では文字を追うことも兼ねて，短い物語が含まれています。絵本の読み聞かせを通して子どもたちは，絵を見ながら英語を聞いておよその意味がわかる，という貴重な学びを重ねていきます。

絵本を繰り返し読み聞かせる

改めて，絵本の読み聞かせのよさをあげてみたいと思います。

- 良質なまとまりのある英語をインプットすることができる
- 同じ表現が繰り返し出てくるため，語彙や表現を身につけやすい
- 韻を踏むものが多く，英語の押韻を体験・楽しむことができる
- 絵があるので視覚支援につながる
- お話から想像力・知的好奇心を膨らませ，情緒面にも有効である
- みんなで一緒に聞く，共有するという経験ができる
- 集中して聞きやすい
- 読み聞かせの中で問いかけを含めると，子どもたちのコミュニケーション能力の向上につながる
- 将来の読書量が増えるとも言われている

さらに心理学者の Bruner（1983）は絵本の読み聞かせを繰り返すことの

効用として，第二言語習得の研究ではありませんが，子どもの言語発達への促進を scaffolding という概念を用いて説明しています。同じ本を繰り返し読んだとしても，子どもとの具体的なやりとりを変えていくことで促進につながると，ブルーナーは指摘しています。

　このように絵本にはたくさんの利点がありますが，絵本の読み聞かせに自信のない先生もおられるかと思います。その場合は，ALT の先生に読んでもらい，先生が所々繰り返す，質問をしてみる，または ICT 教材を使う，絵本によっては付属の CD を活用してみる，ということもできます。

子どもの知識・体験に関連づけられる絵本を選ぶ

　先生方は絵本をどのようにお使いになりたいでしょうか。

　絵本について多くの著書がある G. エリス（2008）は，絵本を選ぶ時の留意点の中で，子どもの興味・関心があること，子どもの知識や体験に関連づけられることを強調しています。

　日本の教室で使いやすい絵本を，少し紹介します。

✳ Brown Bear, Brown Bear, What Do You See? (Bill Martin) ✳

様々な色の動物が登場し，"○○，What do you see?"を子どもたちが繰り返すようになります。動物と色の名前を学びます。

✳ The Very Hungry Caterpillar (Eric Carle) ✳

日本では「はらぺこあおむし」でおなじみの原本です。食べ物や曜日だけでなく，あおむしの "I'm still hungry" というフレーズも，子どもたちの口から自然に出るようになります。虫の成長についても学びます。

✳ Where's Spot? (Eric Hill) ✳

お母さん犬が，夕ご飯なのに戻ってこない，やんちゃな子犬の Spot を色々な部屋に探しに行きます。それぞれの頁にフラップが付いており，ドアを開けたりカバーを開けると，中から色々な動物が出てきます。視覚的に動物と前置詞を学ぶことができます。シリーズとして他に『Spot Goes to School』『Spot Goes to the Farm』等があります。

✳ Dear Zoo (Rod Campbell) ✳

動物園に「ペットを送って下さい」とお願いしたところ，箱等に入った様々な動物が順に送られてきます。この本にもフラップが付いていて，例えば大きな黄色の箱のフラップを開けるとゾウが出てきます。"He was too big! I sent him back!" というような表現を通して，動物の名前と様子を表す形容詞に慣れ親しんでいきます。

✳ What's the time, Mr. Wolf? (Annie Kubler) ✳

本を通して開いている穴から登場する指人形のオオカミ Mr.Wolf に，「いま何時。何の時間？」とたずねていきます。"It's seven o'clock!" "Time to get up!" "I'm so hungry!" 等々，食事の時間に加え，その準備，掃除，昼寝の時間等に慣れ親しんでいきます。

＊Five Little Monkeys Jumping on the Bed (Eileen Christelow)＊

夜，寝る前，5匹のやんちゃなおサルの兄弟がベッドで飛び跳ねていると，1匹がベッドから落ちてしまい，お母さんがお医者さんに電話します。"No more monkeys jumping on the bed." と言われますが兄弟は同じことを繰り返します。この繰り返しの中で子どもたちは動作もつけ，言い方に慣れ親しみます。

＊David Goes to School.（David シリーズの一つ）
（David Shannon ）＊

やんちゃな小学生 David が学校の色々な場面で先生に叱られます。「座りなさい」「ちゃんと列に並んで」「休み時間はもう終わりましたよ」等々。最後には，放課後少し残されて掃除をさせられるのですが，"Good Job" と言われ，お家に帰れます。日本の学校での様子ともよく似ていて，アメリカでも低学年に人気のシリーズです。

✻ Go Away, Big Green Monster！ (Ed Emberley) ✻

　黒字のページに色々な形の穴が開いていて，シンプルな形の顔の部位が現れてきます。まずは二つの黄色の目がのぞき "Big Green Monster has two big yellow eyes"，次のページでは緑の鼻がのぞいて "a long bluish-greenish nose" というように顔の部位と色，形容詞を学べます。

✻ Ketchup on Your Cornflakes? (Nick Sharratt) ✻

　先生方の中央研修でも推薦された本の一つです。各頁が上下2枚に分かれていて，上下を自由に組み合わせることで色々な問いかけができます。例えば最初の頁は，上がケチャップ，下はコーンフレークで，"Do you like ketchup on your cornflakes?" 下の部分をめくると今度はアップルパイが出てきて，文字も，"Do you like ketchup on your apple pie?" と変わります。絵があるので，とてもわかりやすく，子どもたちは Yes/No と答えていきます。歯磨き，牛乳，トースト，ゆで卵等々，様々な組み合わせに子どもたちは大喜びです。自分たちバージョンを作ったクラスもありました。

✻ Bark, George (Jules Feiffer) ✻

　お母さん犬が息子の George に「吠えてごらん」と言うと，George は次々に違った動物の鳴き方を始めます。お母さんが心配して獣医さんに連れて行くと，George が meow と鳴き，お医者さんが George の中から猫を引っ張り出します。Oink と鳴くとブタが引っ張り出されます。こうして最後にようやく George は "arf" と鳴いて，お母さんは大喜びです。動物と英語での鳴き方を学びます。最後のオチも面白いです。

✻ Pete the Cat (Eric Litwin & James Dean) ✻

　猫の Pete が主人公のイギリスの絵本シリーズです。絵本の中の歌をダウンロードすることもできます。

＊どこへいくの？ともだちにあいに！ （いわむらかずお＆エリック・カール）＊

絵本作家のいわむらかずおとエリック・カールの共同作品です。日本語は右側から，英語は左側から始まり，真ん中で出会う最後のシーンは…。

＊ The Alphabet Tree （Leo Lionni） ＊

スイミーでおなじみのレオ・レオニの作品です。文字の葉っぱが吹き飛ばされるのですが，みんなが一緒になって言葉になり，文章になり，最後はPeace on Earth と世界平和を願います。

その他，日本語で知っているお話として，

＊ The Enormous Turnip （民話「大きなカブ」） ＊

数年前の教科書「英語ノート」でも，劇の題材に取り上げられていました。

＊ Guess How Much I Love You （Sam McBratney & Anita Jeram） ＊

日本では「どんなにきみがすきだかあててごらん」という訳で出版されています。小さいうさぎと大きいうさぎが，お互いがどれだけ好きかを語り合います。国語の教科書にも掲載されています。

【参考文献】
＊G. エリス，J. ブルースター著（松香洋子監訳）（2008）『先生，英語のお話を聞かせて！：小学校英語「読み聞かせ」ガイドブック』玉川大学出版部
＊Bruner,J.S. (1983) Children's Talk: learning to use language, Oxford University Press.

13

身近な教材で
子どもの関心を高めるアイデア

　　小学校の教材には動画も多く含まれています。動画は外国語を学ぶには，とても貴重なものですが，子どもたちには少し難しいと感じる先生もおられるのではないでしょうか。教材は身近なところからも見つけることができます。先生の無理のない範囲で，子どもたちの関心を高められるとよいですね。

動画を活用する

　　動画（文科省の教材では Let's Watch and Think）は，日本の外国語学習テキストの中では画期的な存在と言えるでしょう。リスニングとしての聞くだけの聴覚情報ではなく，子どもたちは視覚的に状況や場面をつかみながら，まとまった英語表現に触れることができます。さらに思考を働かせ，推測したり意味を捉えたりすることもできます。一方で，使用場面を現実に近づけるために，動画の中で表現や語彙が増え，子どもによっては言葉の量が多すぎると感じる場合があります。その場合は，動画教材の目的によって，少し対応の仕方を工夫してみるとよいでしょう。

　　言葉を学ぶことを主目的とする場合はリスニング教材と同様，最初に鍵となる情報を提示しておく，情報を区切りながら提示するなどの方法があります。前者の場合，例えば登場するのは誰か，どのような場面であるか等を先に子どもたちに提示しておく，または聞き取る情報について，どこに行ったか，いつの話かなど，見る・聞く焦点を絞ることで対応できます。

　　動画教材の活用を異文化理解に置く場合は，言語表現にとらわれ過ぎず，私たちの生活と異なるところもしくは共通している部分はあるか，その理由も考えてみよう等と指示を出してから見ることもできます。また異なった文

化への気づきが，自文化・日本文化への気づき・再認識にもつながります。ただし，他の文化へのステレオタイプを生まないよう教師が注意しておく必要があります。多様な文化への気づき，異文化理解を深めながら，同じ地球に住む人類としての共通項の認識も大切にしたいところです。

　また子どもたちに，より身近な，Let's Watch and Think に代わるオリジナルバージョンを作っている先生もおられます。例えば自分たちの町紹介や，卒業生による中学校の様子，また担任の先生と ALT とのデモンストレーションを Let's Watch and Think と位置づけて活用している先生もおられます。動画教材を通して，身近な先輩や世界で活躍している日本人を，子どもたちが自分たちのロールモデルとして捉えることができるといいですね。また他教科との連携や学校行事とつなげることも可能です。

身の回りの素材を教材として生かす

　動画は有効な教材ですが，他にも私たちの身近なところに教材として使えるものがたくさんあります。例えば下記のようなものがあげられます。

＊算数セット＊
　数や形の単元で数え棒や色板を，時間の単元で時計を使うことができます。

＊スーパーの食料品のチラシ＊
　買い物の単元で，食べ物の名前の練習とともに，英語で値段を言いながら計算をする，また○○産と書かれていることから，国の名前とともに毎日の食材が世界各国から来ていることも確認できます。

＊自治体が作成している英語のパンフレット＊
　町紹介や道案内に活用できるとともに，自分の町の新たな発見にもつながります。

＊旅行会社の海外旅行用パンフレット＊

行きたい国の単元で活用できます。

＊教室・学校・町の中のアルファベット表示＊

　私たちの身の回りには，いかに多くのアルファベットが使われているかを確認することができます。ただローマ字表記と英語表記の違いを，子どもの理解度に応じて，どこかの時点で確認しておくことも大切です。

＊折り紙＊

　色や形だけでなく，作ったものを英語で表現したり，また作る過程でもHold, close, open, crease, make a square/triangle 等の英語を導入することもでき，外国の人に作り方を教えてあげるにも最適です。

＊地図帳＊

　社会科と連携させ，外国語の時間にも使えるものが満載です。例えば国内では地図記号を英語で表現してみる。海外であれば，国名と，その位置はもちろんですが，英語で方角や赤道，緯度，経度，人口にもひろげることができるでしょう。また食べ物や動物の英語名とともに，産地や出身地も調べることもできます。社会が得意な子どもが活躍できる機会にもなるでしょう。

＊英字新聞＊

　地方では主要駅のコンビニ等に置いてあることが多いです。アルファベットの文字探しだけでなく，スポーツの国際大会やオリンピックに向けては国名探し，世界の天気コーナーでは地名とともに，社会に関連させて世界の都市の位置確認もできます。また新聞の写真下に書かれたキャプションと呼ばれる説明は，５Ｗ１Ｈの短い文章が多いので，写真を選べば小学生でも何となくわかる場合があります。「英字新聞が読めた！」という達成感もかなり大きいです。

コラム　外来語の活用

　日本語の中には，外来語が多く存在します。これを教材として外国語の時間に活用することができます。子どもたちの日々の生活の中でも，例えばスポーツの種類であれば，サッカー，バスケットボール，バレーボール等です。またスポーツ競技の中にも多くの外来語が使われています。サッカーであれば，ドリブル，シュート，キック，ゴール等々，野球であれば，バッター，キャッチャー，ピッチャー，セーフ，アウト等々です。また音楽の時間も，ピアノ，リコーダー，ハーモニカ等々，子どもたちは多くの外来語を使っています。

　外国語の授業の中で，子どもたちが関心のある分野での外来語，特に英語由来の言葉を，本来の英語の発音と比較しながら紹介してみるのもよいでしょう。テキストの中にも，外来語と英語のアクセント等の違いに気づく単元は設定されていますが，是非他の時間でも，スポーツや音楽，食べ物，ファッション等を含め，子どもたちが関心を持っている分野の外来語を活用してみて下さい。子どもたちにとっては新たな気づきになるだけでなく，日ごろ使っている言葉を英語で言えるきっかけになります。

　また，国語でも学びますが，外来語の中で英語出自ではない言葉を学ぶことも，言葉への気づき・学びという点で，とても意義があります。子どもたちに身近なところで，食べ物であれば，例えばポルトガル語からのパン，イタリア語をベースにした，スパゲッティ，ピザ，パスタ，マカロニ，フランス語をベースにしたオムレツ，シュークリーム，コロッケ等があります。食べ物以外であれば，例えばランドセルはオランダ語からの転訛とされます。

　ちなみに，日本語の中の外来語の割合は，10％前後と言われます。和語（日本古来の言葉），漢語（中国起源の言葉），外来語（中国以外の外国起源の言葉），混種語（上記の言葉が混在しているもの。例えばカラー印刷，野菜ジュースなど）が含まれます。外来語を，外国語（外国出自の言葉で，アルファベット表記のもの：NHK，CD，PC）と区別する場合もあります。

14

Classroom English にチャレンジ

外国語の授業に取り組まれる際，最大の懸案事項の一つが，先生方ご自身が使われる英語ではないでしょうか。一度にたくさんの英語を使おうとして負担を感じられるよりも，1回の授業に一つずつ，もしくは一つの活動に使える英語表現をワンセットずつ増やしていってはいかがでしょうか。

一授業に一つずつでも英語表現を取り入れてみる

小学校の先生方は，子どもたちの心をつかみ，上手に話をされるプロです。ただ，使う言葉が外国語になった場合の心配はつきないことと思います。先生方が使われる Classroom English, Small Talk などを含め，授業で使われる表現・言葉を Teacher Talk とも言います。先生方に役立つ表現は，文科省の外国語ガイドブックに音声付きで詳しく掲載されています。発音の仕方や具体的な Small Talk の例は，文科省ホームページの先生方用のサイトに，また配付教科書で使う英語表現については教員用のテキストに，バーコードに携帯端末等をかざすと聞くことができる等，すぐに使えるものが多数準備されています。まずはその中で，自分が使いやすい表現を，毎回の授業の中で一つずつ，もしくは一つの活動で使える表現をワンセットずつ増やし，少しずつ自信をつけていかれてはいかがでしょうか。

英語の発音とアクセントを意識する

そしてもう一点。英語の特徴，特に，強弱のアクセントと，日本語にはない複数の英語の音に気をつけるだけで，ずいぶん英語らしく聞こえます。こ

こでは三つのポイントをあげたいと思います。

＊外来語とは位置も異なる，強いアクセント＊

　英語は日本語に比べ，高低よりも強弱の強いアクセントがあります。また日本で外来語になった時点で，アクセントの位置が異なる単語もあります。小学校で出てくる単語の例は次の通りです。

> ハンバーガー⇔ hámburger，パイナップル⇔ píneapple
> ポテト⇔ potáto，アルファベット⇔ álphabet
> カレンダー⇔ cálendar

＊最後に母音がつかない音＊

　ローマ字のところでも述べますが，日本語の音は「ん」以外，最後に必ず母音がつきます。ローマ字表で見ると，全ての文字の最後に母音（a, i, u, e, o）がついていることがわかります。一方英語には母音なしで終わる音がたくさんあります。例えばホットコーヒーのホットは，ローマ字で表すとhotto で，「ト（/to/）」の音の最後に /o/ の母音がついています。一方英語の hot の最後は，/o/ の母音のない /t/ だけの音となります。同様に，ポットでなく pot，キャットではなく cat，ライト，レフトではなく，right，left となります。What do you want? の表現も，what, want の最後の音は「ト」ではなく最後に母音のない /t/ だけの音となります。単語の最後に母音をつけない音として，他に d, k, g, p, b などがありますが，小学校で出てくる単語の例は次の通りです。

> /t/: great, right, start, don't, heart, white, hot, what,
> 　　　want, hint
> /d/: friend, tired, sad, red, card, salad,
> /k/: like, drink

日本語にない音を具体例を含めながら簡単に説明します。

Th

上下の前歯の間にわずかに置いた舌を抜きながら発音します。Thank you や three 等，よく使う言葉で意識できる機会が増えるとよいですね。

Th: three, this, thank you, Thursday, birthday

LとR

日本人が苦手な音の代表格のように扱われますが，少し気をつけるだけで，ずいぶん違って聞こえます。L は日本語のラリルレロと，ほぼ同じですが，できれば，舌の位置をラ行より少し前，前歯の後ろの付け根あたりに軽く触れた状態から発音できるとよいでしょう。

一方，R を発音する時は，舌はどこにもつかない状態から right, rice 等を発音してみて下さい。日本語でライト，ライスと言っている時と，舌の動きの違いを感じていただけると思います。

L: let's, look, letter

R: right, run, recorder, rice, restaurant

L&R: library, principal, paralympic

FとV

下唇に前歯を軽く触れた状態から発音します。

F: fine, four, five, fish, fruit, food, Friday, favorite, coffee,
   fire, festival, famous

V: five, very, have, volleyball, violin

二重母音

日本語にない音ではないのですが，一文字に母音が二つという音の組み合わせです。中学や高校の英語スピーチ大会でも，審査員から，よく指摘されるところでもあります。次の例のカタカナ表記と下線部分の発音記号を比べてみて下さい。「ノー」と n<u>o</u> [nóu]，「ゴー」と g<u>o</u> [góu]，トマトと tom<u>a</u>to [təméitou]，テーブルと t<u>a</u>ble [téibl] 等です。

発音について色々と述べましたが，小学校の先生は母語では子どもにわかりやすく話すプロです。英語の場合は一度に全てを完璧にしようとするのではなく，できるところから取り組んでみて下さい。実際に使う Classroom English については，文科省のガイドブックに詳しく掲載されており，音声も聞くことができるので是非活用して下さい。例を少しだけ紹介します。

- ・Let's start English class.　英語の授業を始めましょう。
- ・What's the date, today?　今日は何日ですか？
- ・What day is it today?　今日は何曜日ですか？
- ・How is the weather？　お天気は？
- ・(Please) Watch our demonstration.　デモンストレーションを見て下さい。
- ・Let's practice ○○.　○○を練習してみましょう。
- ・(Please) repeat after ○○.　○○の後について繰り返して。
- ・Let's do the chants together.　チャンツを一緒にしましょう。
- ・Listen carefully.　気をつけて聞いて。
- ・Let's play the ○○ Game!　○○ゲームをしましょう。
- ・Make pairs.　ペアを作りましょう。
- ・Let's count the cards.　カードを数えましょう。
- ・(Any) volunteers?　誰かやってくれる人？
- ・(Who wants to go) next?　次，やりたい人？
- ・Raise your hands.　手をあげて。
- ・[ほめ言葉] Good job/Excellent/Wonderful
- ・(Very) close/Good try.　惜しい／頑張った。
- ・Give ○○ a (big) hand.　○○に（大きな）拍手。
- ・Come to the front.　前に出てきて。
- ・That's all for today.　今日はこれで終わりです。

15

Small Talk にもチャレンジ

外国語の授業での Small Talk にハードルの高さを感じておられる先生は少なくありません。Small Talk の目的と，取り組みやすい Small Talk について考えてみたいと思います。

Small Talk はウォームアップではなく大事な言語活動

　小学校外国語で使われる Small Talk は，授業の始めに，子どもたちに身近な話題を，先生が既習表現を使いながら，時には子どもたちに問いかけながら進めていきます。5年生では指導者が話をすることを中心に，少しずつ子どもたちとのやりとりを含めていきます。6年生では，教員がトピックを提供し，少しデモを見せて，子どもたちがペアでやりとりを行っていきます。Small Talk は単なるウォームアップではなく言語活動の一つであり，その目的は小学校外国語活動・外国語研修ガイドブックに，下記のように記されています。

> ・子どもたちが，わかりやすい身近な文脈の中で，これまでに学んだ表現を聞く・使う機会を提供し，その定着を図ること
> ・やりとりを続けるための基本的な表現の定着を図ること

例文を真似るところから始めてみる

　子どもたちの前で英語で話をすることは，短い指示を出すことに比べると，

ハードルが高いかもしれませんが，

①最初は，指導書等から提案されている例文を真似してみる
②自分が言えそうなところを少し変えてみる・加えてみる
③少しずつ子どもたちに話したいことを増やしていく

というステップを踏むことができます。
　例えば，５年生の最初の単元の Small Talk は次の通りです。

　Hello, everyone. My name is Yumi Tanaka. I live in Sakura-cho. I like badminton very much. Do you like badminton? I have a cat. Her name is Taiga. She is very cute. I like cats very much. Do you like cats?

　この文章を，ご自分のことに置き換えて話すことは，それほど難しくはないのではないでしょうか。言葉だけに頼らず，写真やスライド，動画など視覚教材を使うことで，先生方ご自身が話しやすくなるでしょうし，子どもたちも，視覚支援があることでわかりやすくなります。ALT に任せる，もしくは ALT とやりとりをしながら Small Talk を行う，という方法もあります。全て自分で考えて一人で話そうと思わずに，まずは例文を参考にしながら視覚教材も活用し，ALT の先生とのやりとりを含める等，色々なアプローチを試してみて下さい。
　また先生が話をするだけではなく，子どもたちとのやりとりを増やし，最終的には，子ども同士のやりとり Small Talk がゴールとなります。子どもたちがやりとりを続けるための基本的な表現として，研修ガイドブックには，挨拶，繰り返しの仕方，一言感想を述べる，確かめる，さらに質問をする，話を終了させる例が紹介されています。

16

読み書きの前に
多感覚で英語に触れさせよう

　　高学年で英語を書くことが入ってきて，私たちは子どもたちにすぐ書くことを求めがちですが，書く前にも，色々な感覚で文字に触れることが，とても大切です。

様々な感覚で文字を体験させる

　読み書きのことになると，私たちはつい子どもたちに「書く」ことを求めがちです。それは私たちが受けてきた英語教育の影響を大きく受けています。これまでの中学校英語入門期では中1の1学期に，少しアルファベットの練習をし，すぐに文章を書くことに移っていきました。しかしながら小学校1年生でのひらがなや漢字の練習は，どうでしょうか。母語である日本語では小学校低学年で既に6000近くの言葉を認識ができる上，さらに丁寧に時間をかけてひらがなの書きを指導していきます。運筆，書き順に始まり，空書きをしたり，大きさもノートのマス目が増えるとともに，少しずつ小さくしています。英語の場合はどうでしょうか。日本語のように蓄積ができていないにもかかわらず，いきなり4線に書かせることを求めていないでしょうか。

　日本語に比べ，触れる機会も蓄積も格段に少ない英語では，どのように子どもたちにアルファベットに触れさせることができるでしょうか。視覚的には，まずは多くの先生方がしておられる，**身近なアルファベット集め**があります。「みんなの周りにあるアルファベットを集めてごらん」というと，子どもたちは本当にたくさんのアルファベット文字を集めてきます。目の前にある鉛筆や筆箱の中，ノートや洋服，教室の中，テレビやCDプレーヤー，電子黒板，教材等々，様々なところにアルファベット文字を見つけることが

できます。

身の回りの教材を活用する

　子どもたちが持っているアルファベットカードを活用し，カルタをしたり，特徴を言いながら何の文字を持っているかを当て合ったりするなどの活動も工夫できます。もし班ごとにでもアルファベットの文字ブロックが用意できるようであれば，実際に触りながら文字の確認をしたり，一部を隠しながら，友達と当て合ったりする活動もできます。ウレタンフォームのアルファベットであれば100円ストアが扱っている場合があります（ただし既製のものを使う場合は，教科書で扱う書体と異なる文字があるので，子どもたちに事前に伝えておく，もしくは子どもたちに気づかせることが大切です）。また，班で協力をしながらアルファベットを体で表すこともできます。お互いに，何の文字を作ったのか当て合うのも楽しいでしょう。

　触れるだけでなく書く活動でも，紙に書く前に色々な工夫ができます。低学年の時によく行う「空書き」は，文字をみんなで一緒に大きく捉えることができ，何より教材準備がいらないという意味でも，おすすめです。

　形を捉えるために，粘土でアルファベットを作る，輪ゴムボードを使ってみる，少しザラザラしたものの上に指で書くことで，触覚を通して文字の形を学ぶことができます。アメリカなど英語圏でも特別支援教育の視点から，実際に文字を紙に書く前に，砂状のものの上に指で書いてみる，メッシュ素材のようなものの上に指で書く，もしくはその上に紙を乗せて，鉛筆ではなくクレヨンで書く等様々な素材の組み合わせで取り組まれています。

17

ローマ字と英語の違い

高学年で外国語活動が必修化された時から「子どもたちがローマ字と混乱しないだろうか」という先生方からの心配の声を多く聞きました。そもそも同じアルファベット文字を使いながら，なぜローマ字は国語の時間で教えるのでしょうか。ローマ字と英語の基本的な違いについて，子どもたちにとってわかりやすい説明，説明に適切な時期について考えてみましょう。

英語学習を意識してローマ字を指導する

ローマ字は日本語の第4の表記法とも言われます。ひらがな，カタカナ，漢字に続き，英語のアルファベット文字を使って，基本的には日本語を表します。国語の学習指導要領では「日常使われている簡単な単語について，ローマ字で表記されたものを読み，また，ローマ字で書くこと」と示されています。

日本語でアルファベット文字表記が必要な理由を考える

＊日本の地名や固有名詞を外国の人が読めるように（音に）するため＊

例えば「東京」「とうきょう」という表記ではわからなくても，「Tokyo」であれば外国の人も音にすることができます。地名や列車の駅名の多くもアルファベットで併記されているのではないでしょうか。

＊日本人の名前を外国の人が読めるように（音に）するため＊

例えば外国の人に「山田」と見せてわからなくても「YAMADA」であれ

ば音にしてもらうことはできます。パスポートの申請では特に，アルファベット表記が必要になります。

＊パソコン入力に必要なため＊

　日本語をパソコンでローマ字入力するには，ローマ字の理解と変換が必須となります。

ローマ字は「子音」＋「母音」（拍・モーラ）で構成される

　上記の通り，ローマ字は日本語を表しているので，当然のことながら日本語の特徴が表れます。アルファベット表を見ると，日本語の音は「ん」以外全て，a，i，u，e，oいずれかの母音が最後についており，あ行以外は全て子音と母音の組み合わせ（拍・モーラ）になっています。例えば「か」をローマ字で書くと「ka」で，kとa，子音と母音が組み合わさっています。一方，英語ではkだけで，aのない /k/ という音（音素）が基本単位となります。これがアルファベットの「音読み」にあたります。先にも触れたように，この最後に母音がつき子音だけの音がないという日本語の音の特徴が，子音で終わる音が多い英語を発音する際に大きな影響を与えます。

国語と英語におけるアルファベットの学習をおさえておく

＊外国語活動・外国語科での文字学習＊

　外国語授業における文字学習を学年別に見ると，次頁の表のように，３年生の単元の中に，大文字を扱う単元があり，ここでは大文字の認識，見てわかる，聞いてわかる，という学習をします。加えて語彙の絵カードにはほとんどの場合，英語表記も提示されているので，子どもたちには文字に触れる機会があります。小文字は４年生の単元に含まれ，３年生の大文字と同じように，文字が認識できるレベルでの学習となります。

	国語	外国語
3年生	ローマ字の導入 （読み書き・大文字・小文字）	大文字の「名前」読み・認識
4年生	（ローマ字の練習）	小文字の「名前」読み・認識
5年生	（ローマ字の練習）	大文字・小文字の読みの復習，書き写し アルファベットの「音」読みの導入
6年生	（ローマ字の練習）	アルファベットの「音」読みの練習 英語の単語・文の書き（写し）

　続く5年生では，大文字と小文字の復習をするとともに，少しずつ書く，書き写す練習が始まります。また読み方については，それまでに学んだアルファベットの「名前読み」に加え，「音読み」が加わってきます。Cの場合ですと，それまで学んだ /si:/ に加え，/k/ の音を学びます。6年生になると，書き写す量が少しずつ増えるとともに，口頭で，または見て慣れ親しんだ文章を，少しずつ書いてみる機会が増えます。

＊国語科でのローマ字学習＊

　一方ローマ字は，3年生の国語・上巻の最後に位置づけられており，多くの場合，2学期初めの学習となります。外国語活動では上記表の通り，3年生で大文字，4年生で小文字を，認識のレベルで学び，高学年で書くことに取り組むのに対し，ローマ字は3年生で一度に大文字と小文字を学び，加えて書くことも求められます。ここに子どもたちへの大きな負担があります。当然のことながら，ローマ字を3時間ほどで習得することは難しく，続く学年で必要に応じて練習を行っておられる先生が多いのではないでしょうか。

　以上のように，外国語の時間に比べると，国語の時間におけるローマ字学習は，短時間で非常に多くのことを学んでいることがよくわかります。さらに英語には，日本語にはない（ローマ字では表すことができない）音があり

ます。Thank you の "th"，five の "f"，"v" などです。

　このような日本語のモーラと英語の音素の単位の違いや，ローマ字で表すことができない音等については，子どもの発達段階や英語への関心等に応じて，子どもが理解できると思われるタイミングで，先生方が効果的に提示されることが大切です。ローマ字と英語の混乱を防ぐだけではなく，子どもたちはそれぞれの必要性を認識することができます。

　３〜６年生にローマ字と英語の違い，日本語のモーラと英語の音素の関係を少し紹介した際の子どもたちのコメントを一部紹介します。子どもたちの貴重な気づきが表れています。

　「ローマ字は必要なのか？という疑問があったけど，今回の授業で，あった方がいいということがわかりました。」「今まではローマ字とえいごはおなじと思っていて，今日ちがう理由をしりました。」「単音だけで発音があるのがわかってびっくりしました。例えばＫはクッなど。」「日本語の50音は，全部「あ」「い」「う」「え」「お」で構成されていてすごいと思った。」

　もう一つ，先生方がローマ字と英語の違いを説明する必要性が次のエピソードに表れています。３年生の外国語活動の時間に "I like 〜" を学び，国語でローマ字での書き方を学んだ後のことでした。犬が好きな子どもがそれぞれの時間に次のように書きました。「Watashi wa inu ga suki desu.」"I like inu."

　子どもにとっては，ローマ字と英語を学び，自分の気持ちを素直に表現していますが，混乱を防ぐために，ローマ字は日本語を表すものだという確認を，どこかの時点で行う必要があるでしょう。

18

ローマ字の
訓令式とヘボン式の使い分け

もう一つ，英語と関連してのローマ字指導での課題が，訓令式とヘボン式についてです。なぜ，この２種類の書き方があるのか，子どもたちに，どのように教えたらよいでしょうか。

訓令式とヘボン式

ローマ字の訓令式の表示では，あ行と「ん」以外全てが母音一字と子音一字だけの組み合わせになっており，日本語が母音と子音の組み合わせであることが，よく表れています。一方ヘボン式で異なるのは，「し」si → shi，「ち」ti → chi，「つ」tu → tsu，「ふ」hu → fu 等の音です。

学習指導要領解説では訓令式について「一般に国語を書き表す際には第１表（いわゆる訓令式）に掲げたつづり方によるもの」とし，「日本語の音が子音と母音の組み合わせで成り立っていることを理解すること」が重要としています。その上でヘボン式については「従来の慣例をにわかに改めがたい事情にある場合に限り，第２表（いわゆるヘボン式と日本式）に掲げたつづり方によっても差し支えない」（（　）内は著者追記）としています。例えばパスポートに記載される氏名の表記など，外国の人とコミュニケーションをとる際に使用が多い表記の仕方を理解することの重要性です。

ローマ字の起源をたどると，16世紀頃，日本に来たポルトガル人のイエズス会の宣教師たちが，当時の日本語をポルトガル式ローマ字で書き写したのが始まりとされます。しかしながらキリシタンへの弾圧等もあり，当時の日本では広がりませんでした。

その後，３世紀ほど経った1867年（慶応３年），アメリカ人の宣教師

James Curtis Hepburn が和英辞典「和英語林集成」を出版しました。Hepburn は自分が聞いた日本語の音をアルファベットに変換し，この第3版での日本語のアルファベットの綴りがヘボン式のローマ字となったと言われます。Hepburn の名前は，有名な女優 Audrey Hepburn と同じ名前なので，ヘップバーンと訳されてもよかったのでしょうが，当時の人々は，Hepburn の名前を聞こえたように日本語にし「ヘボン」としたと言われます。それが現在の「ヘボン式」の名前の由来となります。ですので，アメリカ人の Hepburn が日本語を聞いて，英語で表現しやすい綴りにしたので，日本語を英語圏の人に読んでもらうにはわかりやすい方法ということになります。

　しかしながら1885年，ヘボン式が英語に傾倒しすぎているとして「日本式」が考案されるのですが，1937年「ヘボン式」と「日本式」の統一を図るため，内閣訓令として発表されたのが「訓令式」です。1954年に政府は「ローマ字のつづり方」を告示。これが訓令式の基になっています。

英語を学び始める子どもにわかりやすい選択をする

　上記の通り英語話者にとってわかりやすい表現がヘボン式ですから，英語学習を視野に入れたローマ字学習を考えると，ヘボン式が重要になります。特にパスポート上の名前の表記について，外務省はヘボン式に近い表記を推奨しています。また英語話者にわかりやすい，という点では，ALT の先生に発音してもらうと，si は see, sea 等の /s/ という音，shi は日本語の「し」に近い音，また tu は日本語の「つ」の音よりも tree, teeth の /t/ という音になるのがよくわかります。

　両者の導入・紹介については，先生方の，子どもたちにとってわかりやすい順序と量の判断が大切になります。

19

英語と日本語の音韻単位の違い

　　日本語での学習でも耳にする「音韻認識」「音韻操作」について，英語学習の場合を考えてみたいと思います。英語の音韻に関連して，音節，オンセット・ライム，音素とは，どのようなものでしょう。

英語と日本語では音韻の単位が異なる

　　音韻認識に関連して，音韻を操作することで私たちに最も身近なのは「しりとり」ではないでしょうか。子どもたちは文字を覚える前から，しりとりをします。例えば，たぬき→きつね→ねこ→こあら等々。単語の最後の音（日本語の場合は，拍・モーラ）を認識して，その音だけを使って言葉を考えます。英語の場合は，この音韻の単位が少し日本語と異なります。

　　ここで，日本語とは異なる，英語の音に関する区切り方について触れたいと思います。例えば「私はパンケーキが好きです」"I like pancakes." という文章の場合，英文は，"I"，"like"，"pancakes" の三つの単語から構成されています。その中の pancakes という単語について，様々な音韻の単位，「音節」「オンセット・ライム」「音素」に分けてみましょう。

＊音節＊

　　音節とは，単語の中で「母音と前後の子音」を１単位として分ける分類です。上記の pancakes であれば，pan [/pæn/] と cakes [/keɪks/] に分かれます。pan の中の母音 a と前後の子音，それから cakes の中の母音 a（pan の a とは発音が異なりますが）と，その前後の子音の塊です。ただし研究者により，また言語の特徴により分類方法が異なる場合があります。

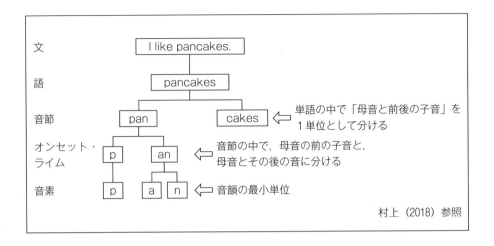

村上（2018）参照

＊オンセット・ライム＊

　日本では，あまり聞きなれない言葉ですが，オンセットとは，上記の各音節の中で「母音の前の子音」を指します。pan だと，母音 a の前の子音，つまり p にあたります。一方，ライムは，母音とその後の音を指します。pan では，母音の a とその後の音，すなわち an になります。

　ここで日本語の拍（モーラ）との違いが表れます。日本語で「パン」を音で分けると，「パ」（pa）＋「ン」（n）になりますが，英語のオンセット・ライムで分けると，母音の前の子音で分けますから，p＋an となります。日本語の音は，最後に必ず母音が来る，という特徴が，この分け方の違いからも見て取れるかと思います。

　もう一つ例として，魚の fish で考えてみましょう。fish の中には，母音は "i" 一つだけです。この母音の前の子音は f ですので，f＋ish に分かれます。

＊音素＊

　音素は，文字の音の最小の単位で，上記の pan の場合 p［/p/］，a［/æ/］，n［/n/］に分けられます。英語では，この音素を組み合わせて発音するこ

とが基本となります。

英語の音韻操作－音の足し算・引き算－は日本語と異なる
●●●

　上記の英語の音素を使って，4種類の音韻操作をしてみます。

　例えば pan の場合，音を分けると（分割），/p/，/æ/，/n/ もしくは /p/
と /æn/ に分かれます。逆に，これらの音を一緒にすると（混成），/p/ +
/æ/ + /n/ → / pæn / となります。日本語ですと，「パン」を音に分ける
と「パ」「ン」，これらを合わせると，もとの言葉にもどる，ということにな
ります。ただ日本語では「パ」（pa）のように，基本単位が前述の通り子音
（p）+ 母音（a）が組み合わさっているのに対し，英語では，p，a が一つ
ずつの音素として独立しての音韻操作となります。

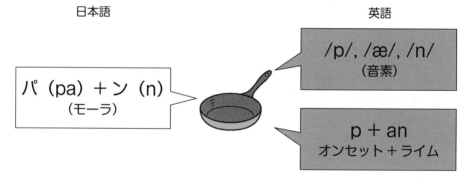

日本語　　　　　　　　　　　　　　　　　　英語

パ（pa）＋ン（n）
（モーラ）

/p/，/æ/，/n/
（音素）

p ＋ an
オンセット＋ライム

分割：pan → /p/，/æ/，/n/ もしくは /p/，/æn/
混成：/p/ + /æ/ + /n/ → /pæn/
削除：pan － p → an
置換：pan の p を m に置き換えると→ man

【参考文献】
＊村上加代子（2018）『読み書きが苦手な子どものための英単語指導ワーク』明治図書

20

文字と音の関係を学べるフォニックス

「フォニックス」という言葉を耳にされることがあるでしょうか。文字と音の関係，その規則を教える指導法が「フォニックス」です。

フォニックスは英語の文字と音の関係を学ぶもの

音韻操作は音だけでなく文字をつけるとわかりやすくなりますが，この，文字と音の関係，その規則を学ぶのがフォニックスです。フォニックスとは英語圏で，英語の文字・綴りと音の対応規則について教える方法です。

例えば "a" の「音読み」は /æ/，"t" については /t/ の音を学びます。/æ/ の音に対応する文字は "a"，/t/ の音に対応する文字は "t" と学ぶと，2文字が一緒になった "at" は，二つのそれぞれの音を合わせて /æt/ と発音できるようになるのです。反対に /æt/ という音を聞くと，それぞれの音に対応した文字を合わせ，at という文字を想起することができるようになります。このように，意味とは別に，文字と音の対応規則を学び，文字が音にできる，もしくは音から文字にできるように学ぶのがフォニックスです。

例えば "at"/æt/ の読み方がわかり，"h"（/h/），"m"（/m/），"c"（/k/）の対応規則を学ぶと，hat, mat, cat という文字を音にすることができるようになります。

```
h (/h/) ＋ a (/æ/) ＋ t (/t/)      →      hat (/hæt/)
m (/m/) ＋ a (/æ/) ＋ t (/t/)      →      mat (/mæt/)
c (/c/) ＋ a (/æ/) ＋ t (/t/)      →      cat (/cæt/)
```

これは一文字，二文字ずつの対応規則ですが，フォニックスには，文字の組み合わせによって変わる規則も多く含まれます。文字の組み合わせによって変わる代表例は「マジックe」です。例えば，先ほどの hat の最後に e が付き hate になると，最初の母音の a の発音が，音読みから名前読みに変わります。他の例として，not ⇔ note，cut ⇔ cute 等があります。

マジックeの例

hat ⇔ hate

not ⇔ note

cut ⇔ cute

フォニックスを用いれば丸暗記しなくても単語が読める

このように，文字・綴りと音との規則性について学び，意味がわからなくても読める（音にできる）ようにするのがフォニックス教授法です。日本ではこれまで，単語の発音や綴りについては丸暗記が主流でしたが，フォニックス（文字・綴りと音の対応規則）を学ぶことにより，アルファベット文字を音にできるようになると同時に，日本語にはない英語の音の学習にもつながります。特に，なかなか英語が読めない，音にすることが難しい子どもには，この対応規則を学ぶことで，英語の単語を音にすることができ，大きな達成感につながります。

ただし気をつけなければならない点もいくつかあります。まず，この規則に対応しない読みがあるという点です。先ほどのマジックe でも，come が例外としてあげられます。

またフォニックスの規則も非常に多いので，特に通常の学級では，どこまで教えるのかを考えておく必要があります。

フォニックスも万能ではありません。音韻意識，音韻操作が苦手な子ども

や，規則を覚えるのが苦手な子どもには難しい場合があります。英語の音とアルファベット文字の対応を知り，また文字を関連づけながら，日本語にはない英語の音を学ぶには，フォニックスはとても役に立ちますが，どの子どもにも役立つ万能薬ではないこともおさえておきましょう。

21

アルファベットを書く時の指導ポイント

英語をたくさん聞いて，また様々な感覚で文字に慣れ親しんだら，5年生で少しずつ書く練習を始めます。読み方もしくは音を確認しつつ，文字から単語へ，そして聞き慣れた・言い慣れた表現を，次第に文として書き写すことを，子どもたちの様子を見ながら進めていきましょう。

書く指導は音も大切にして始める

世界的に見ると日本の子どもたちは文字をきれいに書きます。子どもたちの文字の美しさに驚く ALT の先生たちも少なくありません。これは小学校入学後，丁寧にひらがなを学び，形が複雑な漢字も，書き順を含め時間をかけて，書く練習を続けている成果とも言えます。

複雑な漢字に比べるとアルファベットは，とてもシンプルで，大文字，小文字とも，それぞれ26文字しかありません。しかしながら様々な理由から，英語を書くことが難しい子どもたちもいます。入門期におさえておきたい点について考えてみましょう。

＊文字が読める（音にできる）ことが先決＊

これまでも何度か触れましたが，私たちが日本語を学ぶ際，音・話し言葉が先に入っていて，そこに文字を当てはめていきます。英語でも文字を書く時には，音・読み方がわかっていることが大切です。ですので，書く時に文字・単語を声に出して読むと，文字と音の対応を確実にするだけでなく，聴覚や口の感覚も生かしながら様々な感覚を通して文字を学ぶことができます。

＊フォントの統一＊

　私たちの周りには様々な種類のフォントがあります。授業では色々なフォントがあることを伝えながらも，実際に読み書きする際には，テキストと同じ，もしくはよく似たフォントを使うことをおすすめします。子どもによっては，フォントの違いを文字の違いと捉えることがあります。例えば，a と ɑ，g と g などです。また I と l （大文字）も，違った文字と認識する子どもがいます。従って，入門期は特にフォントを揃えることをおすすめします。

＊４線の活用＊

　入門期は４線を使うことも大切です。大文字はすべて４線の上から１段目と２段目で収まりますが，小文字は上に出る字，下に出る字と様々です。文字の形が捉えにくい，もしくは丁寧に書きにくい子どもには４線が役立ちます。日本語では四角のマスの中に収めて書く練習をしますが，上の段，下の段，という感覚を使うことはあまりありません。小文字の練習では，上に出る字，下に出る字を分けてみるのもよいでしょう。

　また，どの段に書くかということは，英語圏の子どもたちでも難しい場合があります。わかりやすくするために，例えば基線に蛍光ペン等で色をつけることもできます（海外の４線ノートには，基線に少し立体的膨らみを持たせ，書いた時に鉛筆があたる工夫がされたものも販売されています。日本ではひらがなや漢字の練習用に最近販売されるようになりました）。また４線の間に色をつけたり，真ん中の段は草が生えているところで緑色，その下は土の中で茶色，一番上は空色，とイメージを持たせての練習方法もあります。

　さらにもう一点，書きにくそうにしている子どもがいる場合，使っている４線の拡大コピーを作ってみることもおすすめします。慣れてきたら少しずつ小さくしていくという方法もあります。ひらがなや漢字の練習でも，少しずつマスを小さくしていくのと同じ感覚です。

　小文字は，大文字に比べ習得には３倍の時間がかかると言われます（アレン玉井，2019）。これは小文字が大文字に比べ，文字が小さいだけでなく，よく似た字が多いこと，特徴が少ないこと，そして前述の通り高さが異なること等が理由にあげられます。特に混乱しやすいのが，ｂとｄ，ｐとｑ，ｎとｈなどです。またひらがなには時計回りの書き方が多いのに対し（あ，お，す，な，ぬ，む，め，わ等），小文字には反時計回りが多い（a，c，d，e，o，q等）という特徴もあります（藤堂，2019）。

　このように大人では気づきにくい小文字の難しさがあります。書くことに困難を感じる子どもには特に，どこにつまずきがあるのかを丁寧に見取って支援をしていきましょう。

文章を書き写す時も，何を書いているか理解させる

　文字が書けるようになると，単語，そして文の書き写しへと進んでいきます。新学習指導要領では「書くこと」の目標として，「大文字，小文字を活字体で書くことができるようにする」こととともに，「**語順を意識**しながら**音声で十分に慣れ親しんだ**簡単な語句や基本的な表現を**書き写す**ことができるようにする」と記しています。そして次のステップとして「自分のことや身近で簡単な事柄について，例文を参考に，**音声で十分に慣れ親しんだ**簡単な語句や基本的な表現を用いて書くことができるようにする」としています。

　指導要領に繰り返し出てくるように，「書く」にあたっては「音声で十分に慣れ親しんだ」語句や表現であること，「語順を意識しながら」，最初は「書き写す」ことから始めることがポイントとなります。前述の通り子どもたちが何を書いているのかわからず書き写すことがないよう，また，音がわからず書き写しているという状態にならないよう，確認をしながら進めたいところです。

＊語順と，語と語の区切り＊

　英語と日本語の違いに「語順」があります。日本語では，述語・動詞は文の最後に来ますが，英語の場合は主語の次に動詞が来ます。この違いは中学高校でも習得が難しい生徒がいます。小学校の間は，すぐに全文を書かせるのではなく，現在のテキストにもあるように，最初は単語を書く代わりに絵カードを使ったり，文の空所部分のみ英語で書いてみる等，語順を意識させながら，また一度に書くことの負担が大きくならないよう，スモールステップで進めたいものです。

　もう一つ，英語の文を書く時に難しいのが，語と語の間のスペースです（基本は英字一字分）。これは英語圏の子どもたちでも意識しなければ難しいものです。アメリカで最初によく使われるのは "pinky rule" とも呼ばれる小指を使う方法です。一つ単語を書くと，その後に，利き手ではない方の小指を置き，スペースを確保して，続く単語を書く，という方法です。小指ではスペースが大きすぎる場合は，鉛筆の先を使ったり他の物を代用することもできるでしょう。このようにして，日本語にはない単語間のスペースについては，何かを体感しながら習得させることもできます。

＊目的と相手意識＊

　書く活動も，聞く・話すなどの活動と同様，目的意識や相手意識が大切です。ただ，字を練習する，書き写すだけではなく，例えばカードを送りたい相手（お父さん，お母さん，友達，ペット等々）にメッセージを書く，クラスの誰かが読むとわかっていて書く等，何か目的があり，読んでくれる相手がいることが大切です。もちろん練習も大切ですが，小さくても大きくても，何か目的を持った活動を増やしたいものです。

【参考文献】
＊アレン玉井光江（2019）「小学校英語の文字指導：リタラシー指導の理論と実践」東京書籍
＊藤堂栄子（2019）「英語の読み書き困難への支援」（講演，2019年8月8日島根大学）

22

世界の文化・多様性も教えよう

外国語の教科書には色々な国の子どもたちが登場し，英語以外の言葉や国の様子を知ることもできます。外国語の授業は，他の国の学校の様子，家庭の様子，日本とは違った風景や食べ物等々，子どもたちが世界の多様性を感じ，学ぶことができる貴重な機会です。外国語の時間を通して是非，多様な社会・文化に触れ，多文化共生や平和教育も視野に入れながら，日本のこともまた再認識できる時間にしたいですね。

学習指導要領の目標にも位置づけられている

学習指導要領の中でも多様な文化への気づきや学びが重視されています。先の学習指導要領「外国語活動」の目標の一つは「言語と文化の気付き」で，新学習指導要領の外国語の目標では小中高を通して「外国語によるコミュニケーションにおける見方・考え方を働かせる」と言う文言が貫かれています。この文言について新学習指導要領解説では「外国語で他者とコミュニケーションを行うには，社会や世界との関わりの中で事象を捉えたり，外国語やその背景にある文化を理解するなどして相手に十分配慮したりすることが重要であることを示している」と説明しています。

さらに小学校中学年の外国語活動では目標（1）において，「外国語を通して，言語や文化について体験的に理解を深める」ことが記されており，中学年・高学年とも目標（3）では，「外国語の（言語やその）背景にある文化に対する理解を深め，他者（相手）に配慮しながら，主体的に外国語を用いてコミュニケーションを図ろうとする態度を養う」ことが明記されています（中学年は（　）内の表記）。このように学習指導要領の中でも重視され

ている多様な文化への気づきに関連し，改めて「文化とは何か」を少し考えてみたいと思います。

単元や教材の中に様々な「文化」の要素がある

教材の中には色々な形で様々な文化的要素が紹介されています。例えば『Let's Try!』3年生の数の単元で文化によって異なる「数をあらわすジェスチャー」や，色の単元で虹の描き方の多様性が紹介され，単元目標の一つが「多様な考え方があることにも気付く」とされています。

私たちも暮らしの中に，たくさんの外国の文化を取り入れています。食であれば，和食の他に中華，イタリアン，フレンチ等々。行事では，お正月やお盆に加えて，クリスマス，ハロウィン，バレンタインデー，最近ではイースターも加わってきました。その他，日本では伝統的な芸術文化として能や歌舞伎もあげられるでしょう。最近の日本文化としてはアニメやコスプレもあげられます。日本の学校文化の例としては，授業は「起立，礼，着席」から始まるなども含まれるでしょう。文化の構成要素の例を右表にまとめてみました。

同時に文化の捉え方も様々で，定義は100以上あると言われますが，よく使われる文化の定義として次のようなものがあります。「文化とは，ある特定の集団のメンバーによって，

文化の構成要素（例）			
衣	言語	時間感覚	家族・血縁関係
食	知識	空間感覚	教育
住	経験	自然観	政治
生活習慣	信念	宇宙観	経済
行事	価値観	仕事観	宗教
物質所有観	態度		人間関係
芸術（音楽・美術）	意味		健康・医療システム

後天的・歴史的に形成され共有される生活様式の総体系である」（石井敏ほか，1996）。従って日本文化という大きな括りだけではなく，大阪の文化，若者文化，小学校文化等々，様々なメンバーによる区分が存在します。

英語教育において異文化理解は大切である

このように幅広い文化の捉え方の中で，外国語教育における文化，異文化理解の役割については，下記のような点があげられるのではないでしょうか。

> ・それぞれの言語を使っている人々の背景にある様々な文化を知ること
> ・言語と文化の関係において，文化は各言語をつくりあげた基盤になっていると同時に，言語は文化を伝え創造するに大きな役割を果たしていること
> ・文化の構成要素は多岐にわたるが，それぞれの文化による違いに気づき，その多様性を尊重するとともに，人間としての共通項にも気づくこと
> ・異なる文化や国とのつながりから国際協力や世界平和を考える機会になること
> ・海外だけではなく国内にも多様な文化が存在することに気づくこと

このように，言語と文化そのものが切り離すことができない関係にあると同時に，外国語の授業は，多様な文化・価値観を学ぶことができる絶好の機会にもすることができます。

ICT を活用する

現在の教材にも世界の様子を紹介する動画が数多く含められています。これらの動画を通して，子どもたちは多様な文化を学ぶとともに，世界がより身近に感じられることと思います。付属の教材だけではなくインターネット

等を使い，オンタイムで外国のハロウィンの様子を見たり，Google マップを使って ALT の先生の出身国の自宅周辺の様子も知ることができます。スカイプを使って，外国の子どもたちと直接コミュニケーションをとることもできます。まさに ICT 機器も異文化理解を深めるのに貴重な役割を果たしています。

異文化理解教育ではステレオタイプに陥らない

　同時に異文化理解を進める際に気をつけたいのは，「ステレオタイプ」をつくらないということです。例えば日本人に比べアメリカ人はよく喋る，という指摘が，全ての人に当てはまるわけではありません。ずいぶん前ですが私は滞米中，何度も「日本人だから空手を教えて」と頼まれました。また日本国内でも大阪出身の私は「漫才やお笑いが上手」と思われがちです。文化による特徴や傾向を学ぶことはとても大切ですが，一つの文化圏にも個々人による違いがあることを，子どもたちに確認しておくことが必要です。

　また異文化理解を通して，日本の文化を再認識することはとても大切ですが，自民族中心主義的な優劣をつけた考え方に陥ることも避けなければなりません。文化に優劣はなく，多様である，という視点が大切です。

　このように外国に向けての異文化理解を深めるとともに，多様性への気づき・理解，そして尊重の気持ちは，学級・学校の中の異なった特性を持つ子どもたちへの理解にもつながります。多様性の尊重は，私が出会った先生方が指摘されるように，いじめの撲滅にもつながるのではないでしょうか。

　最後にもう一つ。多様性を認め，世界には様々な文化・多様な価値観があることを知ると同時に，国が違っても人間として共通な点があることをおさえるのも大切です。外国語の授業を通して，多様性とともに，同じ地球に住む人間としての共通点を子どもたちとも一緒に考えてみませんか。

【参考文献】
＊石井敏ほか（1996）『異文化コミュニケーション―新・国際人への条件（改訂版）』有斐閣

23

ALT の先生といい関係を築こう

ALT の先生は，英語の時間に子どもたちが実際に英語で話しかけ，「伝わった！」「わかった！」と感じられる，とても大切で身近な存在です。また英語だけでなく，文化を超えて人と人とのつながりを感じることができる特別な存在でもあります。子どもたちのことを考えながら，授業の中でALT の先生にどのように活躍してもらい，また先生方自身にとっても，英語や文化を学べる貴重な人材として，是非 ALT とよい関係を築いて下さい。

学級担任と ALT，それぞれに役割がある

小学校専属の ALT が派遣され始めたのは2002年で，当時全国で20名でしたが，現在19,000人以上の ALT が全国の小学校で活躍しています。ALT の活用時数は，中学校が全体時数の約20％であるのに対し，小学校では70％以上に達しています（文部科学省，2019）。ALT と担任の先生がティームティーチング（TT）を行う際，役割をどのように分担したらよいでしょうか。文科省の「小学校外国語活動・外国語研修ガイドブック」をもとに，まとめてみました。

＊学級担任の特性と役割＊

年間計画・授業計画を立てるのは担任の先生の役割ですが，TT の中で担任だからこそできることは下記のような点です。

・子ども一人一人をよく理解しているため，学習指導と生活指導の両面に配慮し，学級の子どもの発達段階に応じた内容を設定する

> ・子どもと信頼関係が構築されており，担任が外国語活動や外国科の授業を担当することに子どもが安心感を覚え，リラックスして授業に臨めるようにする
> ・全教科等を担当しているため，他教科等での学びを外国語学習に取り入れる
> ・英語学習者の一人として，子どもとともに英語を使い学ぶ存在になる

　また，授業のコーディネーターとして，子どもの言いたいことを引き出したり，言えないことを代弁する，子どもの反応を見ながら，ALT に話す速度の調整や繰り返し等を依頼する，という役割もあります。

✴ ALT の特性と役割 ✴

　一方，ALT の役割として以下のような点があげられるでしょう。

> ・子どもにとって，学んだ英語を実際に使える貴重なコミュニケーションのパートナーである
> ・英語のネイティブスピーカーとして，発音も含め，生きた英語のインプットができる
> ・教材作成や，必要に応じてインタビューやパフォーマンステストの評価を行う
> ・（契約形態にもよるが）授業外の休み時間や給食の時間に，子どもと英語でのコミュニケーションの機会をつくる

　担任一人ではできないこと，また英語のネイティブスピーカーだからこそできることを，一緒に考えてみて下さい。もちろん発音を聞かせることも大切ですが，単元で身につけさせたい英語表現を，担任とのデモンストレーションで子どもたちに見せるのは，とても大きな役割です。また ALT からだけではなく，子どもたちから話しかける機会を増やし，子どもたちの「英語で通じた！」「使えた！」という気持ちを是非育んで下さい。ただ子ども

によっては「英語を使わないといけない」「外国の人だから」等の理由で距離を置きがちな場合もありますが，そのような子どもにこそ，少し練習をして，思い切ってALTの先生に話して「伝わった！」という体験を味わわせたいところです。

ALTとは子どもの様子と授業計画を共有しておく

ALTとの話し合いとなると英語の壁を感じられる先生方が多いかと思いますが，大事な話し合いの場合は，英語が少し堪能な方に協力していただいてもよいでしょう。専科の先生，小中連携の視点から中学校の英語の先生に，また教育委員会のALT担当の先生や，地域によっては外国語支援員さん等を頼りましょう。きっと引き受けて下さると思います。

ALTは，出身国だけでなく背景も様々です。ALTのうち4割ほどを占める，日本政府主催のJETプログラム（The Japan Exchange and Teaching Programme: 語学指導等を行う外国青年招致事業）で来日しているALTの必須資格要件の一つは4年生の大学を卒業していることです。しかし学部は問われません。教育学部を卒業している学生は1割に満たないとも言われる中，教壇に立って教えることも初めてのALTは数多くいます。初めての海外経験が日本だというALTもいます。ただ，初めての経験であっても，教え方や子どもとの関わりが上手なALTが少なくないことは先生方もご存じの通りです。

＊ ALTとの最初の出会い ＊

最初に出会った時は，まずはお互いの自己紹介が必要ですが，ALTの出身国だけでなく来日の理由や，あれば日本での経験等，また専攻を含め，得意なことを聞いておくと，授業で一層力を発揮してもらうことができます。

また，先生が外国語活動に望んでおられること・大切にしておられること，そしてALTに期待していることを，わかる範囲で伝えることが大切です。

ALT にとっては「何をしたらよいかわからない」というのがとても困る状況です。もし日本の小学校英語のことについて，あまり知らないようであれば，教科書とともに年間計画表を見てもらうと，学習する表現とレベルを把握することができるでしょう。

　子どもたちについては，全体のクラスの様子とともに，個人情報に配慮しつつ注意や支援が必要な子どもについて情報を共有しておくことも大切です。

＊フィードバック＊

　毎回 ALT と打ち合わせができる学校は非常に限られていると思います。毎回でなくとも，**各時間のおよその流れ**と，特に **ALT の先生に活躍してほしいところ**を一度共有しておくと，授業をうまく進めることができます。ALT に授業で期待することとして，導入のデモンストレーション，発音練習，子どもたちと積極的に話してもらうこと，学習事項に関連する出身国での様子についての話等があげられます。また単元のゴールと使用表現，子どもの様子も共有できれば，子どもたちに合った活動や教材を ALT に考えてもらうこともできるでしょう。先生ご自身が外国語の授業についてはまだまだ不安な中，ALT に色々と依頼することは躊躇されるかもしれませんが，ALT も，何をしていいかわからない状況には戸惑います。一緒に仕事をする ALT の個性や得意分野を生かしながら相談をしてみましょう。

　もう一つ大切なことは ALT へのフィードバックです。少なくとも学期に１回は，担当個所のどこがよかったか，改善できるところはあるか等フィードバックをしてあげて下さい。ALT から「やったことがよかったかどうかがわからない」という声をよく聞きます。５回の打ち合わせより１回のフィードバックの方が大切，とも聞きます。言葉の壁はありますが，子どもたちによりよい授業をするためにも，時には誰かに通訳を頼みながら，年に複数回は直接 ALT さんと打ち合わせや振り返りの時間をとってみて下さい。

【参考文献】
＊文部科学省（2019）『平成30年度「英語教育実施状況調査」』http://www.mext.go.jp/a_menu/kokusai/gaikokugo/1415042.htm

24

ALT の先生との文化の違いも
意識しよう

ALT の先生は子どもたちにとって大切な存在ですが，先生方にとっても大事なパートナーではないでしょうか。TT を通して，英語だけでなく，日本とは少し異なるコミュニケーションスタイルも意識してみませんか。

気になることは相談してみる

先生方が ALT と一緒に仕事をする際，色々と相談したいことが出てくる中で，「こんなこと頼んでいいかな」「気になることがあるんだけれど」と思われる時は，相談してみられてはいかがでしょうか。複雑な内容は，また誰かに通訳をお願いすることになるかもしれませんが，ずっと気にしながら授業を続けること，特に子どもの立場から気になることは思い切って話し合ってみることが大切です。

ALT からは「気になることは言ってほしい」という声をよく聞きます。前項で述べた通り，外国語の時間で先生が大事にしておられることや，ALT に期待しておられることは，早い時点で是非伝えていただきたいところですが，授業を進めるうちに気になるところも折を見て相談をしてみて下さい。

過去に中学校で次のようなことがありました。アメリカ出身の ALT の先生が時々，教卓に腰掛けながら授業をされることがありました。担当の日本人の先生は，とても気になっておられたのですが，自分が授業をしている様子を見て，教卓に腰掛けて授業することは好ましくないことに，きっといつか気がついてくれるだろう，と思っておられたそうです。しかしながら同じ状態が続き，日本人教員は管理職に不満を漏らし，管理職から ALT に注意が入りました。とても優しい ALT の先生だったので「どうして私に直接

言ってくれなかったのだろう。○○先生は長い間，どんな思いで私と一緒に授業をしていたのだろう」とつぶやかれたそうです。私自身もアメリカの大学で，有名な先生が，授業にコーヒーの入った大きなマグカップを持ってこられ，教卓に腰掛けながら授業をされるのを見た時，最初は度肝を抜かれました。もちろんアメリカで誰もがこのようなスタイルで教える訳ではありませんが，このような光景に見慣れている ALT が，日本で同じスタイルをとっても不思議ではありません。しかしながら先生方が気になられる時は，「日本では子どもたちには，○○はしないように伝えているので」とか，このケースの場合ですと「日本で教卓は教えるためのもので，腰掛けることはあまり好ましくない」等々，伝えてみられてはいかがでしょうか。

　ALT の先生の大切な役割の一つは外国の文化を伝えてもらうことですが，日本の教室もしくは先生が大事にしておられることにそぐわない時は，是非伝えて下さい。

ALT の先生には具体的にお願いをする

　同時に先生方が何か気になることがある時，依頼したいことがある時は，命令口調ではなく，また，より具体的に伝えることが大切です。

＊授業準備＊

　授業の中で頼みたいことは，前もって伝えておけば快く引き受けてくれる ALT の先生がほとんどだと思います。その場合，具体性が大切です。例えば絵カードを作ってほしいのであれば，文字や絵の大きさ等，一つ参考になる見本を渡しておかれるのもよいでしょう。

　また，難しい場合もありますが，少し余裕を持って伝えることも大切です。特に文化紹介等を頼まれる場合は早めに伝えてあげて下さい。ALT からよく聞くのは「文化や食べ物の紹介は喜んでしたいけれど，急に言われると十分な準備もできない」という声です。

＊学校行事への参加＊

　学校の予定等も早めに知らせてあげるとともに，日本語で書かれている職員室の掲示や回覧の中で ALT の先生に関係することは，是非直接伝えてあげて下さい。ALT に高い日本語能力は問われていませんから，誰かが知らせてあげる必要があります。

　ALT からのエピソードで，「職員室で急にみんながいなくなって驚いたら避難訓練だった」とか「雨の中，ずぶ濡れになって学校に着いたら，振替休日で授業がないことがわかった」等々，ALT の先生には伝わっていない時があることがよくわかります。個々の学校で伝えることが難しい場合は，各学校で日にちを記入するだけで，ALT にわかるような英語の行事表を，教育委員会が作成してくれます。

　また ALT に学校行事に参加してほしい場合は，行事の中での役割とともに，服装等も伝えてあげて下さい。例えば運動会に参加してほしい時，テントの中で見学なのか，何か競技に参加してほしいのか等です。また，ほぼ毎年耳にするのは，「卒業式に参加したら，先生方は黒いフォーマルスーツだったのに，自分だけがカラフルな服を着ていた」という声です。日本で卒業式は黒いフォーマルスーツが多いと思いますが，国によっては教員や保護者も華やかな服装で臨みます。このように日本では当然と思っていることが，ALT にとっては想像できないこともありますから，ALT の先生には是非，具体的に伝えてあげて下さい。逆に，このような文化の違いを授業で取り上げてもらうことも，子どもたちにとって貴重な学びにつながるでしょう。

＊高コンテクスト VS 低コンテクスト文化＊

　「より具体的に伝える」という点に関連して，文化人類学者のエドワード・T.ホール（1976）は「高コンテクスト（High Context）文化」「低コンテクスト（Low Context）文化」という概念を提唱しました（右頁図）。ずいぶん前のモデルなのですが，文化とコミュニケーションについて語る際，現在でもよく使われるモデルです。

右図のモデルで「意味」は，コミュニケーションをとる際，伝えたいと思っている内容を示し，「情報」は，言語で伝える情報量，「コンテクスト」は言語以外で伝えようとする量・要素を表しています。図の上にあるほど（Aのように）「高コンテクスト」，すなわち言語以外の方法で伝えよう・理解しようとする文化を表します。日本の「察し」や「空気を読む」等に代表される，具体的に言葉で表現せず理解しようとする文化です。一方，Bのような文化圏「低コンテクスト・カルチャー」では，言葉で表す「情報」が多い，ということになります。Bのタイプで育っているALTに，具体的に伝えずに「察してほしい」「行間を読み取ってほしい」と期待することは，このモデルにおける違いが示すよう，難しいということがわかると思います。

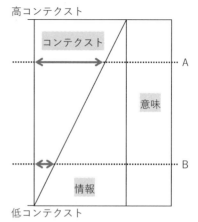

高コンテクスト vs. 低コンテクスト
Hall, E. T., *Beyond Culture*, Garden City, NY: Anchor Press, 1976. を参考に作成

　このように，言葉の違いだけではなくコミュニケーションスタイルの違いもあることを意識しておくことは，英語を学んでいく上で，またALTの先生とよりよい人間関係を築き，子どもたちにとってよりよい授業を展開するためにも役立つことと思います。ALTの先生との授業や関わりを通して異文化理解が進むとともに，何より，よりよい人間関係が築けることを願っています。ALTの先生だけではなく，日本で仕事に従事する外国人とその家族・子どもたちはますます増える中，多文化共生に向かう日本社会において，教員が意識しておくことは大切なことではないでしょうか。

【参考文献】
＊Hall, E. T. (1976) *Beyond Culture*, Garden City, NY: Anchor Press.
＊石井敏ほか (1996)「異文化コミュニケーション―新・国際人への条件 (改訂版)」有斐閣

25

英語を使った
スペシャルイベントを考えよう

言葉は実際に使うことが大切です。子どもたちが学んでいる英語を，実際に使える場を是非増やしてみて下さい。年に１回でも英語のスペシャルイベントをつくることで，子どもたちはきっと「英語で伝わった！」という達成感を感じるとともに，人とのつながりを感じ，さらには英語を学ぶ意欲につながることでしょう。イベントの計画・実施にはエネルギーが必要ですが，年に１回ほど，他の学年や学校と一緒に取り組むこともできるかと思います。

英語で伝える相手をひろげる

子どもたちが英語で伝える相手を是非ひろげてみましょう。日ごろはALT や担任の先生，友達とのやりとりですが，年に１回でも ALT の先生以外の外国の人にも伝える，やりとりをする機会をつくってみてはいかがでしょうか。教科書の中にもありますが，ALT の先生や地域の外国の方に，自分たちの学校のこと，町のこと，日本のことを伝える，そこに保護者にも参加してもらうことで，子どもたちが英語を伝える相手がぐんと増えます。

実際に，地域の外国人や国際交流員，または他校に勤務する ALT を招いて，自分たちの学校や地域を紹介する取り組みが増えています。来校してもらうことが難しい場合は，県内・県外ひいては国外の学校とスカイプやビデオレターで交流してもよいでしょう。私が勤務する東西に長い島根県では，県の東部と西部の小学校の間で，お互いの ALT の先生に自分たちの町紹介をする素敵なビデオレターを作り交流をしました。また小学生と，大学にいる留学生が，お互い iPad 等でビデオを撮って，何度か交流が続いたケースもあります。

地域で人が見つかりにくい場合は，各県や市町村に勤務する国際交流員にお願いすることもできます。ただし国際交流員は，みな日本語能力が高いので，英語で話してほしい旨を伝える必要があります。もしくは異文化理解の視点から，母国語や国の紹介は日本語も交えてで，子どもたちからの質問は英語で，とすることもできるかもしれません。

　また教科書の活動にもありますが，校内で校長先生を含め，他の先生方に英語でインタビューをして発表するという活動も，子どもたちには少し緊張感を伴う英語活動になります。これは校内の先生方にとっても，英語を使うよい機会になるでしょう。校内では，下級生に英語で絵本を読む，何か調べたことを伝えるという活動も可能です。下級生に，どのようにしたら英語で伝わりやすいか，子どもたちは色々と工夫を凝らします。

　もう一つ，小中連携の視点からも，学区内の中学生による絵本の読み聞かせ，または中学生に英語でビデオレターを作ってもらい，小学生から質問をする，もしくは小学生からの質問をもとに，中学生にビデオレターを作ってもらうこともできるでしょう。中学生の英語を，小学生はとても憧れを持って聞いています。

他教科と連携する

　既存の知識を活用するという点から，他教科で学んだことを少し英語でチャレンジしてみるのは，他教科連携の視点から，とても有効です。家庭科で学んだ栄養の知識を，英語でメニューを考える単元で生かす，算数で学んだ線対称，点対称を，アルファベットの大文字の形の捉えに使ってみる，英語の授業で作るカードや作品を，図画工作の時間に色や使う道具を英語で言いながら取り組む等々です。社会や理科，総合の時間で扱う環境問題等も，地球儀を眺める際にポイントになる語や動物の名前等を英語でおさえつつ，他教科と英語を連携させながら学ぶことができれば，子どもたちの学びも深まるでしょう。

26

評価の多様なアプローチ

　　指導と評価は表裏一体です。対象学年，対象単元でゴールを設定し，何を評価するかを意識しながら指導を行いますが，評価にも様々なアプローチがあります。様々なアプローチを用いることで，多様な子どもたちを様々な角度から見とることができます。外国語教育で活用できる評価方法を，新学習指導要領の評価の観点に触れながら紹介します。

評価の三観点と，様々な評価の在り方をおさえる

　　新学習指導要領における評価の観点は，下記の三点です。

> 「知識・技能」
> 「思考・判断・表現」
> 「主体的に学習に取り組む態度」（学びに向かう力，人間性等）

　　授業中の評価方法は大きく分けると，子どもたちが新しいことを学んで習得していく過程を見る**形成的評価**と，ある指導過程が終わったところで，その成果等について行う**総括的評価**に分けることができます。前者は，授業中の行動観察や，提出したワークシートや宿題等でも見とることができます。後者は，単元末や学期末，学年末などのテストが代表例と言えるでしょう。

＊行動観察＊
　　外国語教育の場合，授業中の行動観察は，とても大切です。子どもたちが理解しているか，積極的に話そうとしているか，やりとりをしているか等，

一時間で全員を詳しく観察することはできませんが，一単元もしくは複数単元を通して，最終的には全ての子どもを観察することが大切です。

＊振り返りシート＊

小学校では，振り返りシートを活用しておられる先生は多数おられることと思います。子どもの記述を見ながら，子どもたちの気づきや習得状況，困り感等を知ることができる貴重な材料ですが，「楽しかった」等だけではなく，授業の目当てが達成できたか，先生が子どもたちの何を知りたいかを具体的に問う必要があります。また，一単元を一枚のシートにすることにより，教員だけでなく子どもも，自分の習得過程・状況を感じることができます。さらに年間を通して振り返りを見直すことにより，子どもたちの一年間の成長・変容を見ることもできます。

＊パフォーマンス評価＊

英語のやりとりや発表など「話すこと」の評価には，パフォーマンス評価を活用することができます。パフォーマンス評価の場合には，段階的に評価できるルーブリックを使うと便利です。例えば，自分たちの町についての発表であれば，基本の表現と比較しながら，Ａ：一文を付け足して発表している　Ｂ：基本の表現を使えている　Ｃ：発表するのは難しい　等のように，設定した基準に基づき，発表を評価します。

＊ポートフォリオ＊

起源は，建築家やデザイナーが自分の作品をファイルしておき，雇用側からの評価の際に用いたものですが，1980年ごろから欧米の教育現場で，子どもたちの書いたものや作ったものをファイルしておき，その成果・成長ぶりを見るようになりました。設定したルーブリックに基づき評価を行います。

外国語教育の場合，三観点をp.131の表（『「指導と評価の一体化」のための学習評価に関する参考資料（小学校，中学校）（評価規準の作成及び評価

方法の工夫等）【案】』（国立教育政策研究所教育課程研究センター）を参考に作表）のように5領域（聞くこと・読むこと・話すこと［やり取り］・話すこと［発表］・書くこと）に対応させながら評価することになりますが，授業ごとに全ての領域で全員を見とることは不可能なので，評価のタイミングについては，単元や題材を通じたまとまりの中で，また授業により評価する子どもを変えながら，最終的には全員を見とることができるよう実施することになります。

子どもの強みを生かせる評価方法もある

日本では学校種があがるほど，筆記試験が評価の中心ですが，様々な子どもたちを見とるには，欧米では重視されている，特性に応じた多様な評価も検討したいものです。20年以上前になりますが，アメリカの小学校で，本を読んだ後の感想表現方法として先生が，詩，ポスター，歌，ダンス，クラフト，人形劇等16通りもの選択肢を提示しました。子どもたちは自分の得意な分野で感想を表現し，ルーブリックを活用して評価が行われました。評価の客観性が問われるところはありますが，子どもたちそれぞれの強みを生かした表現を評価できる方法も，時には含められるとよいですね。

最後に，一年間の振り返りから見えてきた例を一つご紹介します。

Aちゃんは，人と目を合わすことを避け，外国語活動の時間にほとんど喋らない子でした。年度始めの振り返りのコメントは「○○ができなかった」という否定的なものが多く，自己肯定感が低かったこともあり，先生方が少しでもできたことをほめるよう努められました。すると一学期の終わりの振り返りのコメントは「○○ができるようになってきた」と肯定的なものになり，年度末には，自ら英語のスピーチ大会に立候補するまでになりました。振り返りにも，子どもたちを見とる様々なヒントが含まれています。

	知識・技能	思考・判断・表現	主体的に学習に取り組む態度
	各観点において，5領域での共通部分		
	[知識] Ⓐ英語の特徴や決まりに関する事項を理解している。 [技能] Ⓑ実際のコミュニケーションにおいて，	Ⓒコミュニケーションを行う目的や，場面，状況などに応じて，Ⓓ日常生活に関する身近で簡単な事柄　Ⓔ自分や相手のこと及び身の回りの物に関する事柄などについて	Ⓕ外国語の背景にある文化に対する理解を深め，他者に配慮しながら，
聞くこと	[知識]Ⓐ [技能]Ⓑ自分のことや身近で簡単な事柄などについて話される簡単な語句や基本的な表現，Ⓓについて具体的な情報を聞き取る技能を身に付けている。	ⒸⒹなどについて話されるのを聞いて，その概要を捉えている。	Ⓕ主体的に英語で話されたものを聞こうとしている。
読むこと	[知識]Ⓐ [技能]Ⓑ活字体の文字を識別したり，その読み方を発音したりする技能を身に付けている。	ⒸⒹや，Ⓔ書かれた簡単な語句や基本的な表現を読んで，意味が分かっている。	Ⓕ主体的に英語で書かれたものの意味を分かろうとしている。
話すこと[やり取り]	[知識]Ⓐ [技能]ⒷⒹや，Ⓔ，簡単な語句や基本的な表現を用いて，自分の考えや気持ちなどを伝え合う技能を身に付けている。	ⒸⒹや，Ⓔ，簡単な語句や基本的な表現を用いて，自分の考えや気持ちなどを伝え合っている。	Ⓕ主体的に英語を用いて伝え合おうとしている。
話すこと[発表]	[知識]Ⓐ [技能]ⒷⒹや，Ⓔ，簡単な語句や基本的な表現を用いて，自分の考えや気持ちなどを話す技能を身に付けている。	ⒸⒹや，Ⓔ，簡単な語句や基本的な表現を用いて，自分の考えや気持ちなどを話している。	Ⓕ主体的に英語を用いて話そうとしている。
書くこと	[知識]Ⓐ [技能]Ⓑ大文字・小文字の活字体を書く技能を身に付けている。	ⒸⒹや，Ⓔ，簡単な語句や基本的な表現を書き写したり，自分のことや身近で簡単な事柄について，書いたりしている。	Ⓕ主体的に英語を用いて書き写したり書いたりしようとしている。

27

英語学習におけるつまずきの要因

小学校では特別支援教育の考え方がかなり浸透し，通常の学級の中でも個々の子どもに応じた様々な工夫や支援をしておられる先生方が少なくありません。教科に共通した支援の在り方とともに，外国語学習に必要な支援・工夫もあります。一見，同じようなつまずきに見えて，その原因は様々です。

外国語の授業に難しさを感じる子どもたちの背景と要因を探る

子どもたちの持つ様々な特性から，一斉指導の中では目標にはなかなか届かない子どもがいます。また教師からの指示通りには動かない，動けない子どももいます。その背景にある要因は多岐にわたりますが，英語学習特有のものと他教科に共通な部分も含め，大きく右頁図のように分類してみました。

＊（A）個人の特性＊

項目5でも触れた視覚優位，聴覚優位などの認知特性も含め，自閉症や読み書き障害などに見られる特性も含まれます。

＊（B）学習環境＊

多くの先生方が行っておられる，刺激が多すぎないよう黒板付近の掲示を減らす等の物理的環境に加え，前述の間違えても大丈夫な安心して臨める環境，発達障害のある子どもたちへの周囲の理解も含まれます。

＊（C）外国語学習に対する情意面＊

動機づけの他，学習意欲につながる成功体験や達成感，そして気持ちの上

での，完璧さ・曖昧さへの対応等があります。

＊（D）英語（学習）の特徴＊

　母語である日本語と比べ，前述の通り英語には，日本語にない音の存在，子音と母音が組み合わさった日本語のモーラと異なる子音だけの音素が重要な役割を果たす音，文構造の違い等があります。

英語学習のつまずきに関する様々な要因

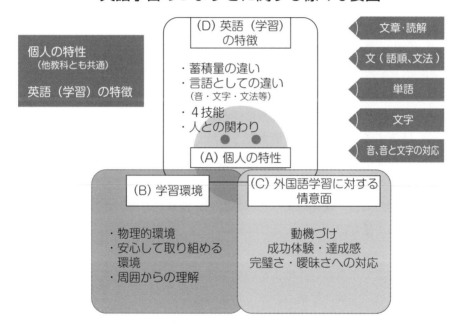

個人の特性
（他教科とも共通）

英語（学習）の特徴

（D）英語（学習）
の特徴

・蓄積量の違い
・言語としての違い
（音・文字・文法等）
・4技能
・人との関わり

（A）個人の特性

（B）学習環境

・物理的環境
・安心して取り組める
　環境
・周囲からの理解

（C）外国語学習に対する
情意面

動機づけ
成功体験・達成感
完璧さ・曖昧さへの対応

文章・読解

文（語順、文法）

単語

文字

音、音と文字の対応

　英語の授業で苦手感を持つ児童生徒の傾向として，次のような点があげられます。

・音韻認識の弱さ

・短期記憶・ワーキングメモリーの弱さ

・帰納的推測の苦手さ

- ・人との関わりの苦手さ
- ・口頭による自己表現の苦手さ
- ・即興的対応の困難性

　これらの要因が全てではありませんし，弱みがあっても，強みを生かして英語の授業を楽しんでいる子どもも少なくありません。また英語の学習では，学習障害をはじめ ADHD，ASD などの発達障害に基づく特性への支援や対応も重要になります。医師からの診断がなくても，よく似た傾向が見られる子どもへの対応も必要になります。以降，用いる用語の確認のため，文部科学省（2003）による定義を記しておきたいと思います。

学習障害（LD: Learning Disabilities）
　基本的には全般的な知的発達に遅れはないが，聞く，話す，読む，書く，計算する又は推論する能力のうち特定のものの習得と使用に著しい困難を示す様々な状態を指すものである。学習障害は，その原因として，中枢神経系に何らかの機能障害があると推定されるが，視覚障害，聴覚障害，知的障害，情緒障害などの障害や，環境的な要因が直接の原因となるものではない。

自閉症
　３歳位までに現れ，①他人との社会的関係の形成の困難さ，②言葉の発達の遅れ，③興味や関心が狭く特定のものにこだわることを特徴とする行動の障害であり，中枢神経系に何らかの要因による機能不全があると推定される。高機能自閉症は，その中で，知的発達の遅れを伴わないものをいう。アスペルガー症候群とは，知的発達の遅れを伴わず，かつ，自閉症の特徴のうち言葉の発達の遅れを伴わないものである。なお，高機能自閉症やアスペルガー症候群は，広汎性発達障害に分類されるものである。

注意欠陥／多動性障害（ADHD:Attention-Deficit/Hyperactivity

Disorder)

年齢あるいは発達に不釣り合いな注意力，及び／又は衝動性，多動性を特徴とする行動の障害で，社会的な活動や学業の機能に支障をきたすものである。また，7歳以前に現れ，その状態が継続し，中枢神経系に何らかの要因による機能不全があると推定される。

個々の子どもを見て支援の方法を考える

医師から発達障害等の診断があっても子どもによって特性の現れ方は様々です。それぞれの子どもたちが困っているところを丁寧に見とりながら対応・支援していく必要があります。また，気になる子どもたち全てに時間をかけて心理検査をすることはできず，何より保護者の方の許可が必要です。ですので，教室で気になるところ，特に繰り返し現れることについては，丁寧な観察，振り返りのコメント，直接子どもに聞いてみる等，複数のアプローチをとりながら原因・背景を探り，対応できる支援を考えていく必要があります。

支援の方法を大きく分けると，下記のようにも分類することができます。

・計画の調整：目標を調整，わかりやすく提示し，スモールステップで
・情報の調整：記憶することが難しい場合，情報を小分けにする
・時間の調整：集中することが難しい場合は，一つの活動の時間を短縮
・刺激の調整：視覚，聴覚等の刺激が過多になっている場合は調整

近年，比較的簡易なアセスメントも開発されてきましたが，英語に特化したものはまだほとんどありません。学習全般の簡易アセスメントとして，LDI-R や，LD 学会が開発し実用化された LD-SKAIP などで，英語学習に関連する点を確認することも可能です。

28

「聞く」「話す」が
難しい子どもへの支援

外国語が5・6年生で必修化される直前2010年に，通常の学級の外国語活動における子どものつまずきについて，先生方にアンケート調査をさせていただいた時の結果を参考に，つまずきの背景と支援の在り方について考えたいと思います。

「聞く」「話す」学習での困難内容を捉える

まだ高学年に「聞く」「話す」活動だけが求められていた時期ですが，島根，鳥取両県の小学校134校261名の先生が協力して下さいました。

Q.「通常の学級で外国語に取り組んでいる際，困り感やつまずきがある，もしくは特に支援を必要とする子どもがいると思われますか。お気づきの頻度を〇で囲んで下さい。」（「よくある」（10人に1人）・「時々ある」（20〜30人に1人）・「まれにある」（40人に1人）・「ない」）

高学年にまだ「読む」「書く」活動が導入されていない時期ですが，1/4近く（22.1%）の先生が「よくある」（10人に1人は外国語活動につまずきがある）と感じておられることがわかりました。最も多かったのは「時々ある」20〜30人に1人（45.4%）ですが，二つのグループを合わせると7割近くの先生方が，「聞く」「話す」活動だけの時に子どものつまずきを感じておられることになります。具体的に，先生方から見た「子どもたちの困り感」についてのコメントをKJ法で分類したのが右頁表です。「聞く」と「話す」は，「聞き取れないから話せない」等のように切り離すことが難しい部分がありますが，同じ，もしくはよく似た文言のコメントをまとめてみました。

困り感	含まれる主な内容	コメント数	コメント数/回答教員数
（1）英語を話すこと	聞き取れないから話せない，発音の難しさ，自信のなさ・照れ	75	29%
（2）英語を聞くこと	英語の音を聞き取ることの難しさ，日本語と異なる音への不安，聞き取り自体の難しさ	53	20%
（3）聴覚情報への依存	音のみへの依存，文字の存在の薄さに対する困り感	37	14%
（4）声を出すことへの抵抗感	声を出すこと自体への抵抗感，自己表現の難しさ	24	9%
（5）記憶	単語・文を記憶する難しさ，記憶して活動につなげる難しさ	31	12%
（6）人との関わり	人とのコミュニケーションの難しさ	31	12%
（7）英語への抵抗感・苦手感	英語を聞く・話すことに対するストレス	16	6%
（8）活動ルール理解	活動ルール理解の困難	7	3%
（9）児童間のギャップ	英語学習経験がないことからの劣等感	17	7%
（10）その他		71	27%

「話すこと」が難しい子どもを支援する

　先生方からのコメントで最も多かったのが，（1）「英語を話すこと」に関するものです。「英語が聞き取れないから話せない」「英語の発音が難しい」「英語を話すことに自信がない」等が多くありました。話すことについては（4）「声を出すことへの抵抗感」も関連していますが，この分類は，英語に限らず他の教科や活動でも「声を出すこと自体への抵抗感」「自己表現の難しさ」を持つ子どもが，英語の時間にも話すことに難しさを感じる場合としてまとめました。

「話すことの難しさ」の背景として考えられるのは，①「英語を話すことへの抵抗感」；②「人と話すことの苦手さ」；③「間違えることへの抵抗感」等があげられます。重なる部分もありますが，①について，慣れない言葉への不安さや，発音の仕方がわからないようであれば，教員が少しゆっくり話してみる，区切りながら話す，少し形やペアを変えて自信がつくよう練習を重ねる，必要であれば日本語にない発音の仕方を説明する等の支援が考えられます。たくさん聞いて慣れる，ということが基本ですが，少しずつスモールステップで支援を必要とする子どもたちもいます。

　先生方から「単語だと大丈夫だけれど，文章になると言えなくなる」というコメントが散見されました。ワーキングメモリーの弱さも原因として考えられます。ここでも，一度にたくさんではなく，スモールステップで，というアプローチが有効になります。学級全体で少しずつというのが難しい場合は，ペア活動などの際，当該児童の傍で，少しゆっくり区切りながら聞かせ，一緒に練習してみるという方法も有効です。また，なかなか言葉が思い出せない場合，2章で述べた語想起の弱さが原因とも考えられます。絵や写真，文字など視覚的なヒントが支援につながるでしょう。

　他教科で話すことが苦手な子どもの中に，新しく学ぶ英語でチャレンジしてみようと思う子どももいます。

　日本人の傾向として③「間違えることへの抵抗感」があります。最初から完璧なものを望むことは不可能に近いです。外国語学習では「曖昧性への対応・耐性」が重要です。外国語学習では最初から完璧にできる人はほとんどいないこと，音だけであっても少しずつわかるようになることが大切であることを伝えながら，子どものチャレンジをほめてあげましょう。

「聞くこと」が苦手な子どもたちを支援する

　「聞くこと」に関して，子どもたちの「英語を聞き取ることの難しさ」「日本語にない音への不安」等を感じている先生方が2割近くおられました。ま

た外国語の時間は聴覚情報が多いことから「音のみへの依存の難しさ」「文字の存在の薄さからの不安」等の懸念もうかがえました。外国語を聞き取ることは誰にとっても容易なことではありませんが，新しい音に触れ，慣れ親しみ，日本語にはない音韻表象を作っていくことが，後の文字学習にも大きく影響します。

　「聞くことの難しさ」の背景も多様です。「先生の話に注意を向けにくい」子どもから，「英語の音が聞き取りにくい」「様々な音の刺激からの選択が難しい」「聴覚的記憶が弱い」子どももいます。「先生の話に注意を向けにくい」子どもは，可能であれば座席を前の方にする，教師が全体に話をする際に目を合わせる，口頭で確認をする等が支援につながります。動画の視聴を含め「何を聞いていいかわからない」という子どもには，前述の通り「最初に背景知識を提示する」（どんな場面かを想像する）「聞くポイントを絞る」「話の内容を区切って提示する」等の工夫があげられます。

　「英語の音が聞き取りにくい」「聴覚的記憶が弱い」子どもには，「話すスピードを調整する」「聞き取りにくい音は区切って（分解して）丁寧に発音する」「絵や体の動き等の視覚支援を加える」等が可能です。ペアやグループで確認をしてから進めることも有効です。聾学校で上手に指導しておられた先生は，体を使ってリズムをとりながら話すこと，視覚支援では，アクセントがつく文字に色をつけたり字を大きくしたり，また先生の口元をしっかり見せることを心掛けておられました。

　「様々な音の刺激からの選択が難しい」場合は，一度に様々な音が重ならないように，また音が大きくなりすぎないように配慮することも必要になります。先日訪ねたフィンランドの通常の学級では，どのクラスにも，入ってくる音を調整できるイヤーマフが複数準備してありました。特に外国語の時間では，子どもたちの様子を見ながら，音への配慮が必要な場合があります。

29

「読む」「書く」が
苦手な子どもへの支援

書く前に音に慣れ親しむこと，そして，鉛筆と紙だけではなく様々な感覚を活用し，苦手さを持つ子どもにあった器具等も活用してみましょう。

書くことへの支援を行う

アルファベットもしくは英語の単語を書く際，文字をどのように読むのか（名前読み），またどのような音に対応しているのか（音読み）を知っていることが大切です。そうでなければ，ただ写しているだけになってしまいます。まず文字の音に慣れ親しんでから，文字カード等を使って，形の確認，読み方・音の確認をすることが大切です。特に形が似ているb，d，p，q，n，hなどは，子どもたちに違いを気づかせてから書きに移ることが混乱の軽減につながります。多感覚を活用した書く活動としては，下記があります。

・運動感覚を生かして，大きく空書きをしてみる
・異なった触覚を生かして，指で机の上に書いてみる，友達の手の平や背中に書いてみる，少しざらざらした物の上に書いてみる（アメリカではmagic sandと呼ばれる細かな砂やメッシュ状の物を活用）
・聴覚や口の感覚も生かし，声に出しながら書く

4線の上に書く場合は，下記の工夫が考えられます。

・必要に応じて紙を拡大コピーし，少し大きめの字から徐々に小さく
・罫線自体もわかりやすくするために，基線に色をつける，線の間に色

を加える，基線に厚みを持たせる

　文字から単語，文になる場合は，単語間のスペースを意識させ，指や細めの文房具でスペースを取っておくことも可能です。

読むことへの支援を行う

　小学校での読む活動は，アルファベット文字の認識と音の対応が基本で，その上で，最終的には音声で十分に慣れ親しんだ簡単な語句や基本的な表現の意味が，読んでわかることが求められています。ですから，中学校のリーディングのように本格的に「文章を読む」わけではありません。

　しかしながら，文字を読みにくそうにしている子どもがいる場合，眼球運動に問題がないかを確認しておくことも必要です。色に過敏な場合は，紙と文字の色の組み合わせを変えることも有効です。白い背景に黒の文字が読みにくい場合は，カラーのクリアファイルに挟むだけでも読みやすくなります。ただし，読みやすい色は子どもによって異なります。

　また，どこを読んでいるかわからなくなる場合は，定規をあてる，スリット（穴）が開いた自助具を使う，カラールーペ（色をかけることと文字の拡大のため）を活用する，などの支援を行うことができます。

　読み書きとも，ICT，特に iPad 等で様々なアプリを活用することができますが，教室環境や台数等，学校により様々な制限がかかることは否めません。しかし次項の「読み書き障害」（ディスレクシア）の可能性等がある子どもたちには，文字を書くことが困難な場合，板書を写す代わりに写真に撮って学ぶ，板書の内容をワークシートとして手元に置いて書く，音声を文字化するアプリを使う，どうしても代替措置が取れない場合は，時間延長を申請するなどの支援を行うことができます。

30

「読み書き障害」（ディスレクシア）

「読み書き障害」（ディスレクシア）は，学習障害の8割を占めると言われ，LDの中核的なつまずきとも言えます。前項の読みと書きの支援に続き，「読み書き障害」（ディスレクシア）について少し説明を加えます。

上手に話せるのに書けない，知的発達に問題はないのに読み書きについては年齢相応の能力が対応していない，より具体的には，文字から音を想起することが難しく，読み書きの正確性や流暢性に困難を生じます。主な原因として，音韻能力や視覚認知力などの障害によるものとされていますが，関連要因としてワーキングメモリーの弱さ等も指摘されています。

英語圏では音韻認識の弱さから生じる難しさとして「単語内の文字，語順の入れ替わり」「文字と音を結びつけるのが困難→単語を読むのが困難」「b，dなどの文字の反転」等などがあげられます。

ディスレクシアは，どの言語でも起こります。しかし，言語の特徴により，その発生率が異なります。例えば日本語の中でも，ひらがな，カタカナ，漢字による違いは右表の通りです。ひらがなは表音文字なので，一文字が確実に一つの音に対応しています。例えば「あ」の読み方は一つです。一方，漢字は，視覚的・形態的に複雑になることに加え，読み方も複数になります。

例えば「来」は，「き」「く」「らい」の読み方があります。日本語の中でも違いがありますが，英語圏においてのディスレクシアの発生率は10〜15%と言われています。

Wydell & Butterworth（1999）は，粒性と透明性という分類を用いて説明していま

	音読	書字
ひらがな	0.2%	1.6%
カタカナ	1.4%	3.8%
漢字	6.9%	6.1%

Uno, et al.（2009）

す。右図横軸の「透明度」は，一文字に対応する音が少ないほど「透明性が高い」ことを意味します。例えば「あ」は読み方が一つであるのに対し「来」は3通りも読み方があり「不透明」ということになります。縦軸の「綴字の粒単位」は一文字に対応する音の粒の細かさを示します。英語のkには，音素としての /k/

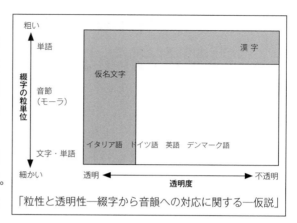

マーガレット・J・スノウリング著　加藤醇子・宇野彰監訳　紅葉誠一訳（2008）『ディスレクシア　読み書きのLD：親と専門家のためのガイド』東京書籍

という音のみが対応し粒が細かいのに対し，ひらがなの「か」は /k/ と /a/ の二つの音素で一つのモーラとなり粒が粗いということになります。横軸の透明性に欠ける程，また縦軸の粒性が細かくなる程（グラフの白い部分）音韻性ディスレクシアの発生率が高くなると説明されています。英語の場合は同じ a でも前後の文字の組み合わせにより12通りも音が変わるという複雑さがディスレクシアの発生率を上げているとも言われます。英語での発生率が高いことから，日本語では気づかなかった読み書き障害が，英語学習により見つかるという可能性があります。

【参考文献】
＊「発達性ディスレクシア研究会」HP 〈http://square.umin.ac.jp/dyslexia/〉
＊Wydell, T. N., & Butterworth, B. (1999). An English-Japanese bilingual with monolingual dyslexia. Cognition, 70, 273-305
＊Uno, A., Wydell, T. Haruhara, N. Kaneko, M. & Shinya (2009). "Relationship between reading/writing skills and cognitive abilities among Japanese primary-school children: normal readers versus poor readers (dyslexics)" Reading and Writing, Vol. 22, issue 7, pp.755-789

31

人との関わりが難しい
自閉症傾向の子どもへの支援

　　自閉症傾向を持つ人は，人口の１％とも言われます。男児に多く，女児の３～４倍と言われますが，特徴として，視覚的情報の取り入れ・活用を得意とし，関心のあることには非常に興味を持つ一方，興味・関心の狭さ，人との関わりの苦手さ・困難さ，コミュニケーションの苦手さがあげられます。

人との関わりが困難な子どもがいる

　外国語を学ぶ大きな利点の一つは，日本語では通じない人とコミュニケーションがとれることにあります。人との関わりが困難な子どもには，ペア活動では，可能であればコミュニケーションがうまくとれそうなペアを教員がつくる，もしくは教員とペアを組む等があげられます。また後の項目とも関連しますが，活動の前に，ペアで行うこと，話す言葉，話す順等を，より明確に説明しておくことが大切です。

　また，自分から声がかけにくい子どもの場合，デモンストレーションの中で教員もしくは他の子どもたちとデモをさせ，他の子どもたちから「できる」という印象を持ってもらい，声をかけてもらいやすくすることもできます。

　人との関わりが難しい子どもの中には，物理的に人と関わることの難しさだけではなく，周りから見ると，空気が読めない，と取られる場合があり，コミュニケーションの場面が多い英語の時間では，顕在化しやすくなります。

より明確で具体的な指示を一つずつ

　上記のコミュニケーション活動も含め，求められていることを，より明確に，具体的に示すことが大切です。特に ASD 傾向のある子どもの場合，明文化されていないことへの対応が難しいということがあります。例えば「ペアをつくって」という指示に対して，自分が誰かとペアをつくるのではなく，文房具を二つ組み合わせることもあります。

　また，こだわりの強さも特徴の一つです。興味があることには非常に意欲的に学ぼうとするのですが，興味・関心の対象が非常に限られるため，学級での活動でも，ひと言個人的な関心事に結びつける説明を加えると効果的です。本人が納得し関心を示すと，非常に意欲的に取り組むので，英語学習においても，規則がわかることで，英単語を積極的に覚える子どももいます。

　もう一点，一度に複数のことをするのが苦手なので，明確さ，具体性に加え，指示は一つずつ，という点を意識しておくことも大切です。先生が黒板に向かって書きながら，子どもには他の指示を出すと，何をしてよいのかがわからなくなってしまいます。また，一つのことと同時に，細かなことに意識が向いてしまう場合もあるので，活動の全体の意図の説明も大切です。

　一方で，視覚的，明確かつ具体的な指示を本人なりに理解できた場合は，本人も安心し，対応することができます。ですから，授業開始時に，授業の流れを口頭で説明するだけでなく，黒板に流れを書いておくことで，明確かつ具体的な指示により，本人は安心し，また視覚的な流れの提示がさらなる支援につながります。これは ASD の子どもたちだけではなく，全ての子どもたちへのわかりやすさにつながる，いわゆるユニバーサルデザイン的なアプローチとも言えます。もう一点，感覚過敏な子どもがいる場合は，教室の光，音等への配慮も支援につながります。眩しそうにしていないか，耳をふさぐような動作が見られないか等，気をつけてあげて下さい。

　そして，ここでもできたことに対して「ほめる」ことが大切です。次の学習への前向きな取り組みにつながります。

32

集中が続きにくい
ADHD 傾向の子どもへの支援

英語の時間でも，突然違うことを始める，人の間に入って喋る，じっとしていられない，忘れ物が多い，机の上・中が整理できない等，ADHD（Attention Deficit Hyperactivity Disorder：注意欠如・多動性障害）の可能性のある子どもによく見られる行動ですが，この子どもたちに，どのように対応・支援ができるでしょうか。

ADHD の特徴を捉える

ADHD の特徴として，下記の三点があげられます。

・**多動性**：じっとしていられない，最後まで人の話を聞かない
・**衝動性**：考える前に行動する，順番が待てない
・**不注意**：ぼんやりしがち，忘れ物等が多い

＊じっとしていられない子どもへの支援＊

外国語活動の時間は，他の教科に比べ，比較的動きが多いのですが，改めて，静と動の組み合わせを意識するとよいでしょう。例えば，全体での単語や文章の口頭練習時も，座ったままと，立って行うものを組み合わせてみることも効果的です。

＊集中しにくい子どもへの支援＊

可能であれば座席を前にし，さらに窓際や廊下側を避け，なるべく中央寄

りの座席にすると，教員も子どもの様子を確認できます。必要であれば声掛けができるようにしておくと，授業により集中しやすくなります。また全体での活動，グループで，ペアでという形態に加え，時には個人を指名することで，緊張感を持たすことができます。

　また前述の ASD の子どもたちへの支援と同様，なるべく刺激を少なくする，必要なことのみを残す，という意識が大切です。光や音の刺激が多くならないような配慮とともに，板書も，なるべくシンプルに心掛けることが有効です。必要なものを残す・強調することを意識し，書くこと・貼るものが多くなる場合は，正面の黒板以外のところ，黒板横のスペースや教室の横等に残しておくことも配慮につながります。

　ADHD の子どもたちについて，上記のような特徴と支援を述べましたが，この特徴を外国語活動の時間に大いに発揮できる場もあります。人との関わりが多く，積極的に動く，コミュニケーションを行うことが求められる時間ですので，大きな声で英語を練習する，ペアやインタビュー活動で元気に活動する等の動きは，時に外国語授業のけん引役になることもあります。ただし必要に応じて教員が，当該児童が活動のルールから外れないように，元気の度が過ぎないよう，注意を払っておくことも必要です。

　また，この場合も，注意すべきことをおさえながら，できたことを大いにほめてあげましょう。

おわりに

　この本を執筆するにあたり，本当に多くの方のご協力をいただきました。島根県では八束学園・錦織栄子先生，岡山県では新見南小学校の先生方，そして誰よりも，この本の企画に始まり，筆の遅い私を常に温かく見守ってくださり，かつ素敵な編集をして下さった明治図書出版の佐藤智恵様に心より感謝申し上げます。

　日本の小学校での英語教育は，まだ始まったばかりです。進めながらわかること・困ることも出てきます。でも，子どもたちをしっかり見ておられ，たくさんの授業のアイデアをお持ちの先生方は，英語の授業を子どもたちの大切な学びの一部に，そしてよりよい学級づくりにも役立てていかれることと信じています。様々な文化・価値観への気づき，外国語の学習が，多文化共生・グローバル化が進む社会の中で生きていく子どもたちの一助になることを願ってやみません。

編著者　大谷みどり

【編著者紹介】
大谷　みどり（おおたに　みどり）
島根大学教職大学院教授。関心領域は，異文化コミュニケーション，英語学習における支援。文化的背景や特性が異なる人への理解，コミュニケーションや支援の在り方についての研究・実践。ミネソタ大学大学院修士（スピーチコミュニケーション学）。American University 大学院博士（文化人類学）。
（アメリカ留学中に，アメリカの小・中学校に在籍した子どもたちからも，第二言語習得や支援の在り方を学ぶ）

【執筆者紹介】
築道　和明　　広島大学大学院教育学研究科教授　（第1章）
飯島　睦美　　群馬大学准教授　（第2章）
大谷　みどり　前出　（第3章）

通常の学級の特別支援教育

特別支援教育の視点でどの子も学びやすい
小学校英語の授業づくり
ユニバーサルデザインの英語授業にチャレンジ

2020年4月初版第1刷刊　©編著者　大　谷　み　ど　り
　　　　　　　　　　発行者　藤　原　光　政
　　　　　　　　　　発行所　明治図書出版株式会社
　　　　　　　　　　　　　　http://www.meijitosho.co.jp
　　　　　　　　　　（企画）佐藤智恵　（校正）武藤亜子
　　　　　　　　　　〒114-0023　東京都北区滝野川7-46-1
　　　　　　　　　　振替00160-5-151318　電話03（5907）6703
　　　　　　　　　　　　　　ご注文窓口　電話03（5907）6668
＊検印省略　　　　　組版所　藤　原　印　刷　株　式　会　社
本書の無断コピーは，著作権・出版権にふれます。ご注意ください。
Printed in Japan　　　　　　ISBN978-4-18-073627-0
もれなくクーポンがもらえる！読者アンケートはこちらから　→